HEXIN SUYANG XIA
XIAOXUE DAODE YU FAZHI KE
JIAOXUE YANJIU

核心素养下
小学道德与法治课
教学研究

胡召霞 ◎ 著

Moral and Legal Education

安徽师范大学出版社
ANHUI NORMAL UNIVERSITY PRESS
·芜湖·

图书在版编目(CIP)数据

核心素养下小学道德与法治课教学研究 / 胡召霞著 .—芜湖:安徽师范大学出版社,2025.7

ISBN 978-7-5676-6453-1

Ⅰ.①核… Ⅱ.①胡… Ⅲ.①政治课—教学研究—小学 Ⅳ.①G623.102

中国国家版本馆 CIP 数据核字(2024)第 067373 号

核心素养下小学道德与法治课教学研究 胡召霞◎著

责任编辑:赵传慧　　　　　责任校对:李晴晴
装帧设计:张德宝　姚　远　责任印制:桑国磊
出版发行:安徽师范大学出版社
　　　　　芜湖市北京中路2号安徽师范大学赭山校区
网　　址:https://press.ahnu.edu.cn
发 行 部:0553-3883578　5910327　5910310(传真)
印　　刷:苏州市古得堡数码印刷有限公司
版　　次:2025年7月第1版
印　　次:2025年7月第1次印刷
规　　格:700 mm×1000 mm　　　1/16
印　　张:11.25
字　　数:168千字
书　　号:978-7-5676-6453-1
定　　价:48.00元

凡发现图书有质量问题,请与我社联系(联系电话:0553-5910315)

序

"老师，我想你了!"新学期第一天清晨，孩子清澈的眼眸、稚气的声音让我眼睛一热。

三十多年前的春天，迎着初升的太阳，一个女孩常坐在校园边金黄的油菜花丛中读书，她有个美好的愿望——做一名人民教师。今天这个女孩在三尺讲台上自信地践行她的人生理想。当年那个走上讲台看到学生紧张得一句话也说不出的腼腆的小姑娘，如今在讲台上从容淡定、挥洒自如、游刃有余。这一路走来，有苦有乐，有笑有泪，有过欣慰，有过歉疚，有过培育桃李的成就感，更有满满的职业幸福感……闲暇之余，细细品味教学生涯的这些酸甜苦辣，印象最为深刻的还是孩子们的童声稚语，一张张如花儿般的笑脸，一声声稚气的"老师好""老师，我们喜欢你"……在心底汇成了一股幸福的暖流。

记得刚走上教学岗位，我就担任了四（1）班的语文教师兼班主任。当时就有老师打趣我说："这个学期你不会寂寞啦!"原来班里有个全校"闻名"的女学生小宁，她经常逃学、打架，老师采取的一系列的教育方法和策略都没什么效果。有一天中午，两个男生"押"着蓬头垢面的小宁来到我办公室——原来她又惹事了，和隔壁班男生打架，拿砖头砸破了隔壁班的玻璃。我什么话也没说，让她坐到我的座位上，从抽屉里拿出梳子，帮她梳了两个羊角辫，又用毛巾帮她把脸擦干净，然后递给她一面小镜子，对她说："看，多可爱的小姑娘!"我第一次看到了她羞涩的眼神。从此她像变了个人似的，不再打架生事，天天扎着羊角辫，收拾得干干净净，后来在学校庆祝"六一"的折纸比赛中获得了二等奖。临近学期结束的一天，她背着个鼓鼓的书包在我办公室门口徘徊。我让她进来后，她从书包里一股脑儿倒出了几十朵栀子花，红着脸说："老师，送给你，我家种的。"我看着满桌子雪白馨香的花儿，倍感欣慰。

爱是教育的源泉。多年来，我接手了一个又一个班级，接触了一个又一个孩子，在我面前他们都是稚嫩的、需要关心的"幼苗"。他们也许会犯错，因为他们不清楚是非对错的标准；他们可能是潜力股，因为他们没有掌握正确的学习方法；他们也许会误入他途，因为他们不知道哪条路是光明的……当我用心告诉孩子什么是对错时，当我用粉笔为孩子书写正确的目标时，当我用双手拉着孩子走出荆棘时，这种幸福，无与伦比！

开学的第一天，我的案头又多了几盒润喉片和一大叠小纸条，上面密密麻麻地书写着孩子们的心里话。忙碌一天后，我坐下来静静地看着这些小纸条，享受着孩子们这些真切的温暖的思念，或"老师，我想你"，或"老师，要注意身体"，或"老师，我是你的宝贝，你像我的妈妈"……每一句都质朴动人。虽然，教学的路上苦过累过、沮丧过、心力交瘁过，但在这童真的世界里，在这一群天使般的孩子面前，我觉得所有的付出都值得，因为我是一名平凡而幸福的老师！

正是这份平凡而幸福的使命感，让我深刻认识到教育的深远意义——它不仅关乎个体的成长，更承载着塑造未来社会的责任。而小学道德与法治课程，恰恰是这份责任最直接的实践载体。

小学道德与法治课程的重要性体现在多个方面：可以帮助学生树立正确的道德价值观和法治观念，培养他们应具备的基本素质，使他们成为守法、守德、守信的社会成员；培养学生的社会责任感和公共意识，促进社会的和谐与稳定，使他们成为有社会责任感的公民；培养学生的道德判断力、问题解决能力，让他们在面对各种情境时都能够作出正确的决策；涵养学生积极向上的品格，有助于塑造国家、社会和学校的良好形象；培养学生自律、尊重、团结等品质，提升他们的人际交往能力，维护良好的校园秩序和校风……小学道德与法治课程在培养学生正确的价值观、社会责任感、法治观念等方面具有重要意义，对学生的成长和社会的和谐发展都有着深远的影响。

目　录

第一章　小学道德与法治课程概述 …………………………001

第一节　小学道德与法治课程 ………………………………001

第二节　小学道德与法治课程核心素养 ……………………024

第二章　小学道德与法治教学的基本策略 …………………032

第一节　小学道德与法治课堂教学组织策略 ………………032

第二节　"一四一"小学道德与法治课堂教学范式 …………045

第三章　小学道德与法治的教学实践 ………………………066

第一节　落实核心素养教学目标 ……………………………066

第二节　提高课堂教学有效性 ………………………………073

第四章　小学道德与法治课程核心素养的评价 ……………083

第一节　评价原则、内容与方法 ……………………………083

第二节　评价的注意事项 ……………………………………089

第三节　"二面三位四体"道德与法治核心素养评价制度 ………092

第五章 重视教科研 促进教学改革 ················· 097

第一节 课堂教学策略研究 ···························· 097

第二节 相关教学研究 ································ 128

附 录 ·· 142

第一章　小学道德与法治课程概述

第一节　小学道德与法治课程

思政课是落实立德树人根本任务的关键课程，道德与法治课程是义务教育阶段的思政课。国家的发展需要培养德、智、体、美、劳全面发展的社会主义建设者和接班人。人有德才立，国有德方兴。义务教育阶段以德育为首，聚焦落实中国学生发展核心素养，从小培养学生正确的世界观、人生观和价值观，在基础教育阶段引导学生明确人生发展的方向。道德与法治课程应提升学生的政治素养、道德修养、法治素养和人格修养等，增强学生做中国人的志气、骨气、底气，为培养有理想、有本领、有担当的未来时代国家建设者打基础，激励学生为实现中华民族伟大复兴而奋斗。

一、道德与法治课程

（一）思政课程

生在这样一个伟大时代，是我们的幸运；为这个伟大时代奋斗，是每一个中国人的责任。纵观我们现在的生活，每位中国人都在享受民族兴旺、经济发展、社会进步所带来的幸福，这一切都离不开国家的发展，离不开中国共产党的领导。作为老师，我们要努力做到不辜负这个伟大时代，做好本职工作，教育孩子从小立好德，将来把我们的国家建设得更加强大，在孩子们心中根植中国基因，培养具有家国情怀、全球视野的人才。

1.思政课

思政课程着眼"培养什么人、怎样培养人、为谁培养人"这一教育的根本问题，是落实立德树人这一根本任务的关键课程。

教好思想政治理论课关键在教师，要发挥教师的积极性、主动性、创造性。思政课教师政治要强、情怀要深、思维要新、视野要广、自律要严、人格要正。

2.新时代的思政课

2019年3月18日，习近平总书记在学校思想政治理论课教师座谈会上强调，推动思想政治理论课改革创新，要不断增强思政课的思想性、理论性和亲和力、针对性。他还作出了对思政课改革创新坚持"八个相统一"的重要指示。

其一，坚持政治性和学理性相统一，以透彻的学理分析回应学生，以彻底的思想理论说服学生，用真理的强大力量引导学生。其二，坚持价值性和知识性相统一，寓价值观引导于知识传授之中。其三，坚持建设性和批判性相统一，传导主流意识形态，直面各种错误观点和思潮。其四，坚持理论性和实践性相统一，用科学理论培养人，重视思政课的实践性，把思政小课堂同社会大课堂结合起来，教育引导学生立鸿鹄志，做奋斗者。其五，坚持统一性和多样性相统一，既落实教学目标、课程设置、教材使用、教学管理等方面的统一要求，又因地制宜、因时制宜、因材施教。其六，坚持主导性和主体性相统一，思政课教学离不开教师的主导，同时要加大对学生的认知规律和接受特点的研究，发挥学生主体性作用。其七，坚持灌输性和启发性相统一，注重启发性教育，引导学生发现问题、分析问题、思考问题，在不断启发中让学生水到渠成得出结论。其八，坚持显性教育和隐性教育相统一，挖掘其他课程和教学方式中蕴含的思想政治教育资源，实现全员全程全方位育人。

（二）课程思政

自2014年起，上海市在教育部指导下，率先开展"课程思政"试点工作。全国高校思想政治工作会议召开以来，上海市加快推进由"思政课程"走向"课程思政"的教育教学改革，让所有课都上出"思政味"，所有任课教师都挑起"思政担"，探索构建全员、全课程的大思政教育体系，并取得了显著成效。

课程思政建设的重点在"思政"。没有好的"思政"教育功能，课程教学就会失去"灵魂"，迷失"方向"，从而导致课程教学中知识传授、能力培养与价值引领之间的割裂甚至冲突。然而，在现实的教学实践中往往存在一个认识上的误区，认为"价值引领"仅仅是"思政课"的任务和责任，这是各门课程之间"同向同行、协同育人"合力难以形成的一个重要根源。要用好课堂教学这个主渠道，思想政治理论课要坚持在改进中加强，提升思想政治教育亲和力和针对性，满足学生成长发展需求和期待，其他各门课都要守好一段渠、种好责任田，使各类课程与思想政治理论课同向同行，形成协同效应。

课程思政与思政课程的核心内涵都是育人。课程思政指以构建全员、全程、全课程育人格局的形式使各类课程与思想政治理论课同向同行，形成协同效应，把"立德树人"作为教育的根本任务的一种综合教育理念。

课程思政的理念是协同育人。课程思政提出的目的就是实现各类课程与思想政治理论课的同向同行，实现协同育人。不论是"三全"育人还是"十全"育人，其体现的都是协同育人的理念。为中国特色社会主义事业源源不断培养合格建设者和可靠接班人，为实现中华民族伟大复兴中国梦凝聚人才、培育人才、输送人才，是衡量一所学校教育水平最为重要的指标。世界一流大学都是在服务自己国家的发展中成长起来的，"只要我们在培养社会主义建设者和接班人上有作为、有成效，我们的大学就能在世界上有地位、有话语权"①。

课程思政的结构是立体多元的。课程思政本身就意味着教育结构的变化，即实现知识传授、价值塑造和能力培养的多元统一。现实的课程教学中往往由于各种原因而将这三者进行了割裂，课程思政从某种意义上来说正是对这三者重新统一的一种回归。课程思政要求教师要在教育中积极探索实质性介入学生个人日常生活的方式，将教学与学生当前的人生遭际和心灵困惑相结合，有意识地回应学生在学习、生活、社会交往和实践中所遇到的真实问题和困惑，真正触及他们默会知识的深处，亦即他们认知和实践的隐性根源，从而对之产生积极的影响。

课程思政的方法是显隐结合。培养什么人、怎样培养人以及为谁培养人，是人才培养的根本问题，国外的有益做法可以借鉴，但是从根本上讲，必须扎根中国大地办教育，坚持社会主义办学方向。人才培养体系涉及教学体系、教材体系、学科体系、管理体系等，贯通其中的是思想政治工作体系。课程思政正是要立足于构绘这样一幅育人蓝图，通过深化课程目标、内容、结构、模式等方面的改革，把政治认同、国家意识、文化自信、人格养成等思想政治教育导向与各类课程固有的知识、技能传授有机融合，实现显性与隐性教育的有机结合，促进学生的自由全面发展，充分发挥协同育人的作用。

课程思政的思维是科学创新。在社会大变革、文化大繁荣的时代，既要树立科学的思维，也要树立创新的思维。2016年12月8日，在全国高校思想政治工作会议上，习近平总书记提出了提高学生思想政治素质的明确要求，即"四个正确认识"，其要义就在于要学会用正确的立场、观点和方法分析问题，把学习、观察、实践同思考紧密结合起来，善于把握历

---

① 习近平.在北京大学师生座谈会上的讲话[M].北京：人民出版社，2018：7.

史和时代的发展方向，把握社会的主流和支流、现象和本质，养成历史思维、辩证思维、系统思维和创新思维。对于课程思政而言，其首先所展现的就是一种科学思维，它强调要用辩证唯物主义和历史唯物主义的思维方式去看待事物，不能陷入唯心主义和机械唯物主义的泥沼，将理论导向神秘主义。尤其是在当前国际社会意识形态领域风云变幻，各种社会思潮观念激烈交锋的背景下，我们的教育要想顶住压力、抵住侵蚀就需要进一步加强各门课程中的思想政治教育，用马克思主义的立场、观点和方法去教书育人，为学生构筑起牢固的思想防线，抵制各种错误思潮、错误言论对学生的危害。其次，课程思政所展现的是一种创新思维，它强调在思想政治理论课以外的课程中融入思想政治教育，这是以前的思想政治教育未曾关注到的。而且在课程思政建设的具体过程中，也更需要创新思维，以新思维催生新思路，以新思路谋求新发展，以新发展推动新方法，以新方法解决新问题，从而实现课程思政的创新发展。

从宏观层面看，党的十八大以来，党中央高度重视学生思想政治教育工作，全面构建思政工作体系，紧紧抓住学校立德树人、铸魂育人根本任务，提出了一系列新理念、新思想、新战略、新举措。习近平总书记明确指出："要用好课堂教学这个主渠道，思想政治理论课要坚持在改进中加强，提升思想政治教育亲和力和针对性，满足学生成长发展需求和期待，其他各门课都要守好一段渠、种好责任田，使各类课程与思想政治理论课同向同行，形成协同效应。"①

从中观层面看，思政课程教学责任重大、使命光荣、内容丰富，承担着培养与教育学生爱党、爱国、爱社会主义、爱人民、爱集体，引导学生形成正确的理想信念、政治认同、家国情怀、文化素养、宪法法治意识、道德修养的光荣使命。但是，仅仅依靠几门思政课程本身，难以取得最佳效果。需要结合各门课程有效开展中国特色社会主义和中国梦教育、社会主义核心价值观教育、法治教育、劳动教育、心理健康教育、

---

① 习近平谈治国理政：第2卷[M].北京：外文出版社，2017：378.

中华优秀传统文化教育，方能实现合力效应。

从微观层面看，要发挥课堂的主阵地作用，上好思政课，使思想政治理论课真正变成落实立德树人根本任务的关键课程。

（三）大中小学思政课一体化

《教育部办公厅关于开展大中小学思政课一体化共同体建设的通知》（教社科厅函〔2022〕49号）指出，为切实发挥思政课立德树人关键课程作用，全面增强思政课育人效果，要统筹开展大中小学思政课一体化共同体建设。

在小学、中学、大学循序渐进地开设思政课、上好思政课，是培养一代又一代社会主义建设者和接班人的重要保障。加强党对思政课的领导，落实各级教育部门的主体责任，坚持全面、联系、发展的观点，运用系统思维对大中小学思政课衔接机制的顶层设计和课程目标的整体性规划进行统筹安排、系统推进，着力在推进体制机制一体化、优化理论实践一体化、提升数量质量一体化等方面下功夫，努力构建核心理念一致、主题思想统一、内容方法有层次、资源供给有区分、主体互动相融合的大中小学思政课一体化教育体系，是新时代在大中小学循序渐进、螺旋上升地上好思想政治理论课，坚持不懈地用习近平新时代中国特色社会主义思想铸魂育人的应有之义。

（四）义务教育阶段的思政课

道德与法治课程是义务教育阶段的思政课。在课程实施过程中，要逐步培养学生形成正确的价值观、必备品格和关键能力，培养政治认同、道德修养、法治观念、健全人格、责任意识等中国学生发展核心素养，使学生有良好的道德修养作为立身之本，有法治观念作为行为的指引，有健全人格作为身心健康的保证，从而树立为实现中华民族伟大复兴而努力学习奋斗的积极信念。

小学道德与法治课程实施具有重要的意义：其一，有助于培养学生正确的价值观，帮助他们形成积极的人生态度和良好的道德品质，如诚实、守信、友善等，教育学生理解什么行为是正确的，如何与他人和谐相处，从而建立健全的人格基础；其二，有助于引导学生了解基本的法律知识，培养学生的法律意识，使他们在日常生活中能够自觉遵守法律法规，避免违法行为，成为尊法守法的社会主义建设者和接班人，为社会的和谐稳定作出贡献。通过思政课的学习，学生能够理解自己作为中国人的责任和义务。通过讨论伦理问题、道德困境和法律案例等，培养学生的批判思维能力和判断力，使他们能够更好地理解复杂的伦理和法律问题，作出明智的决策。小学道德与法治课程不仅是传授知识的途径，更是培养学生综合素质和社会责任感的重要途径。通过这门课程的学习，学生能够更好地成长为有道德、有法律意识、有社会责任感的人，为社会的繁荣和进步作出贡献。

二、小学道德与法治课程

（一）小学道德与法治课程的性质

小学道德与法治课程是小学阶段的思政课，是在小学阶段开设的一门以学生生活为基础，以学生良好品德形成为核心，培养学生法治观念、对学生进行法治教育、促进学生社会性发展的综合课程，旨在提升学生思想政治素养、道德修养、法治素养和人格修养等，增强学生做中国人的志气、骨气、底气，为培养以实现中华民族伟大复兴为己任的有理想、有本领、有担当的时代新人打下牢固的思想根基。该课程具有政治性、思想性、综合性和实践性，同时在组织教学活动中还体现生活性、开放性和活动性。

小学道德与法治课程有别于法律课程，但也突出了法律教育的重要性，在原有德育课程中有机融入法治教育内容，特别是在教材体系中安排了六年级上册法治专册，使法治教育与道德教育相辅相成、相得益彰，做到在道德教育中发挥法治对道德的促进作用，在法治教育中发挥道德对法治的滋养作用。

（二）小学道德与法治课程体系

小学道德与法治课程体系是整个课程的组织结构和内容安排，旨在培养学生正确的道德观念、法治观念和公民责任感，引导其树立正确的价值观和行为准则。以下是一个简要的小学道德与法治课程体系的阶段性教学框架，具体内容可以根据学校教学计划和实际情况进行调整。

一年级：

尊重他人与礼仪意识

诚实守信与诚信观念

家庭规则与基本社会规则

二年级：

宽容友善与友谊观念

社会规则与公共场所规则

学校规则与班级规则

三年级：

基本法律知识与法治观念

公民责任与社区服务意识

批判性思维与问题解决能力

四年级：

社会公平与平等观念

环境保护与资源节约意识

道德决策与道德困境处理

五年级：

公民权利与义务

社会问题与公共事务参与

诚信意识与防范欺骗

六年级：

法律意识与法律知识深化

公益行动与社会责任担当

公共舆论与信息真伪辨别

小学道德与法治课程体系的特点是循序渐进，从低年级到高年级逐步增加知识深度和难度，让学生在不同年龄段适应不同层次的道德与法治教育；融入实践，通过社区服务等实践活动，让学生在实际生活中体验道德与法治行为，增强学习的实际效果；关联课程，将道德与法治课程与其他学科相结合，形成综合性教育，提升学生对道德与法治知识的理解和应用能力；培养学生综合素养，除了道德与法治知识外，还培养学生批判性思维、合作意识、沟通能力等，促进其全面发展；家校合作，加强家校合作，让家长积极参与学生的道德与法治教育，形成共同育人的良好氛围。

小学道德与法治课程体系的设计符合学生的认知水平和兴趣特点，采用多样化的教学方法，旨在让学生在积极、愉快的学习氛围中，树立正确的价值观和行为准则，为让学生成为有社会责任感的社会主义建设者和接班人奠定坚实基础。

（三）小学道德与法治课程的地位

小学道德与法治课程在义务教育阶段教育体系中具有重要的地位，主要表现在以下几个方面。

1.德育教育的基础课程

道德与法治课程是德育教育的基础课程之一。通过这门课程，学生能够了解社会道德与法律的重要性，培养学生的道德品质、价值观和良好的行为习惯，形成正确的行为准则、健全的人格和崇高的社会责任感。小学道德与法治课程在学生的成长中扮演着重要的角色，主要体现在道德与法治课程通过教育引导学生树立正确的价值观，培养其诚实、守信、友善、助人为乐等良好的道德品质。这些品质是德育教育的核心内容，有助于学生在日常生活中作出正确的行为选择。道德与法治课程还鼓励学生在日常生活中思考道德问题，引导他们养成独立、深刻的思考能力。这有助于培养学生的批判思维、价值判断和道德决策能力。道德与法治课程将法律知识融入其中，帮助学生理解法律的作用、法律规定以及违法行为的后果。通过提供基本的法律教育，学生能够在早期养成尊法守法的意识和行为。课程强调尊重他人、关心社会，培养学生良好的人际关系和社会责任感。这有助于使学生在未来成长为合格的公民，具有积极的社会影响力。道德与法治课程通过引导学生了解公民的权利和义务，了解国家、社会、法律体系，培养其公民意识和社会责任感。小学道德与法治课程在德育教育中具有重要的地位。它不仅传递知识，更注重培养学生的情感态度、道德观念和社会行为，为学生的自由全面发展奠定了坚实的基础。

2.培养公民素养的重要环节

小学道德与法治课程在培养公民素养方面扮演着重要的角色。公民素养是指个体在社会中具备的一系列知识、技能、价值观和行为准则，使其能够积极参与社会事务，履行公民责任，为社会的进步和稳定作出贡献。小学道德与法治课程对培养公民素养的贡献体现在培养法律意识和法治观念上，有助于使学生了解基本的法律知识和法律体系，培养他们尊法守法的意识。通过课程学习，学生能够理解法律的作用和重要性，以及法律对个人和社会的影响，从而形成正确的法治观念。小学道德与法治课程有助于帮助学生了解公民的权利和义务，使他们意识到作为公民应承担的责任并做好角色定位。通过小学道德与法治课程的学习，学生能够了解自己的权益，同时也明白自己在社会中的责任，为维护自己的权利和履行社会责任做好准备。道德与法治课程鼓励学生参与社会事务，关心公共事务，培养他们的社会责任感。学生从小就会形成要为社会作贡献的意识，愿意参与社会改革和发展。小学道德与法治课程强调培养学生诚实、守信、友善等道德品质，使他们成为有责任感、有担当的公民。这些品质有助于他们在社会中起到积极的示范作用，为他人树立良好的榜样。道德与法治课程引导学生尊重不同的文化、观点和背景，培养他们的宽容心态和多元文化意识，这有助于建立一个更加和谐、包容的社会。小学道德与法治课程在培养公民素养方面发挥着关键作用。通过这门课程，学生能够从小树立正确的价值观、法治观念，形成积极的社会参与意识，为过好未来的公民生活打下坚实的基础。

3.传承中华优秀文化传统的关键环节

小学道德与法治课程是传承中华优秀文化传统的关键环节，有助于弘扬社会主义核心价值观，帮助学生树立正确的历史观、民族观、国家观；有助于帮助学生了解和尊重社会的历史、价值观和道德准则。通过课程学习，学生可以更好地了解自己所处的文化背景，培养对传统文化的认同感和传承意识。通过课程学习，学生能够更好地认同自己的文化身份，并在日常生活中传承和弘扬中华优秀传统文化。

在历史教育与情感体验方面，小学道德与法治课程通过讲述历史故事、传统寓言等方式，使学生更深刻地了解过去的文化智慧和道德教训。这种历史教育有助于丰富学生的情感体验和提升其认知能力。在传统美德培养方面，道德与法治课程强调培养学生的道德品质，其中许多传统美德如诚实、勤奋、谦逊等都源于古代文化传统。通过课程教育，学生能够理解这些美德的内涵和重要性。在价值观的反思与传承方面，道德与法治课程教育学生在学习传统的价值观的基础上进行反思，将传统价值观与现代社会具体实际相结合，从而创造出适应当今社会的价值体系。在民族精神的培育方面，通过课程教育，学生可以了解民族精神的内涵，如爱国主义、勤劳勇敢、自强不息等。这些精神是民族文化的重要组成部分，有助于激发学生的民族自豪感和自信心。小学道德与法治课程在传承中华优秀文化传统方面发挥着重要作用。将中华传统文化智慧融入课程，学生可以更好地认识自己的文化身份，培养积极向上的道德品质，并将传统文化价值延续到现代社会。这有助于构建一个有着深厚文化根基的社会。

4.综合素养的重要组成部分

小学道德与法治课程在培养学生综合素养方面扮演着重要的角色，它涵盖了道德、法律、社会伦理等多个方面，有助于培养学生的批判性思维、判断能力、团队合作意识等综合素养，有助于学生全面发展。道德是人的品德和行为准则的体现，小学道德与法治课程培养学生的道德品质，如诚实、友善、守信等。这些品质有助于学生建立良好的人际关系，塑造健全的人格。培养学生的法律意识与法治素养，通过道德与法治课程教育，学生能了解法律的基本知识、法律的作用，以及违法行为的后果。通过培养尊法守法的意识和法治素养，学生能够自觉遵守法律、维护社会秩序。培养学生的社会责任感，道德与法治课程强调学生的社会责任感，培养他们关心社会问题、积极参与公益活动的意识。这有助于培养学生为社会进步和改善作出贡献的意愿。道德与法治课程通过探讨伦理和道德问题，培养学生批判性思维，使他们能够理解不同观点、作出合理的道德判断，从而树立正确的价值观。培养学生的人际交往能力，通过道德与法治课程教育，学生可以学会尊重他人、合理表达自己的观点，有效培养人际交往能力，这对于学生的社会交往和职业发展都具有重要意义。重视历史与文化传承，道德与法治课程可以传递历史和文化智慧，增强学生对文化传统的尊重和认同，从而提升学生的文化素养。小学道德与法治课程在培养学生综合素养方面起到关键作用。通过涵盖道德、法律、社会伦理等多个方面的教育，学生能够获得更加自由而全面的发展，成长为有道德、有法律意识、有社会责任感的优秀人才。

培养和提升小学道德与法治核心素养对学生和社会的意义重大。道德与法治课程在中小学教育中具有重要地位，在学生自由而全面发展和社会和谐稳定中具有重要影响力。通过这门课程，我们能够培养德智体美劳全面发展的社会主义建设者和接班人。

（四）小学道德与法治课程的特征

小学道德与法治课程是培养学生树立社会主义核心价值观的重要课程之一。道德与法治课的开设有助于传承和弘扬社会主义核心价值观，培养学生爱国、守法、诚信、友善等优秀品质，推动社会主义核心价值观深入人心。通过培养学生正确的道德观念和法治观念，使他们在日常生活中形成良好的行为习惯，遵守法纪，遵守社会规范，从小养成良好的品行。道德与法治课的开设有助于培养学生对社会公序良俗和法律法规的尊重和遵守，减少违法犯罪行为，维护社会稳定和安宁。通过提升学生的道德素养和法治观念，有助于提高社会的整体文明程度，形成文明、友善、和谐的社会风尚，有助于使学生成长为有责任感的公民，关心国家和社会发展，参与社会公益事业，为社会进步贡献一份力量。学习法律知识和树立法治观念，让学生了解法律对于社会的重要作用，增强法律意识，避免违法行为，提高法律素养。

小学道德与法治课程具有政治性、思想性、综合性、实践性、家校社协同教育、关联其他学科等特征。

1.政治性

小学道德与法治课程以马克思列宁主义、毛泽东思想、邓小平理论、

"三个代表"重要思想、科学发展观、习近平新时代中国特色社会主义思想为指导，培养学生基本的道德价值观和法治意识，提升学生的政治素质、道德修养、法治素养和人格修养等，培养他们健康成长为负责任的公民。对学生进行精心的引导，培养学生的道德观念，以及了解法律和社会规则。在道德教育中发挥法治对道德的促进作用，在法治教育中发挥道德对法治的滋养作用，增强学生做中国人的志气、骨气、底气。

2.思想性

在教学过程中以正确的政治思想、道德规范和法治观念对学生进行循序渐进的系统化思想教育，旨在培养学生的道德观念、法治意识和社会责任感。教授学生诚实、尊重、宽容、公平等道德观念，塑造学生良好的行为和道德品质。教导学生遵守法律和规则，让他们理解法律是维护社会秩序和公平正义的基石，为培养以实现中华民族伟大复兴为己任的有理想、有本领、有担当的时代新人打下牢固的思想根基。

3.综合性

道德与法治课程不仅涉及道德教育，还包括法律教育，涵盖多个方面的知识和观念。立足发展学生核心素养，培养学生作为社会主义事业建设者和接班人的世界观、人生观、价值观，培养学生诚实、尊重、正直、宽容、勇敢等道德观念，引导学生了解国家的法律制度和法治原则，培养他们具备正确的行为准则和价值观。培养他们在道德和法治方面的认知能力、情感态度和良好的行为习惯。在道德与法治课程教学中，讨论一些与小学生相关的社会问题，如友谊、合作、环境保护等，引导学生思考解决这些问题的方法。

4.实践性

道德与法治课程注重实践教学，通过游戏、角色扮演、辩论和讨论、现实案例分析等形式，让学生在实际情境中体验道德与法治行为。在教学过程中强调将所学的道德价值观和法治知识应用到实际生活中去，让学生通过实际行动来增进对道德与法治知识的理解和认识。将所学的道德与法治知识应用到实际情境中，加深学生对这些知识的理解和记忆，培养他们主动实践道德行为和遵守法律的习惯，提高学生的情商和社会交往能力，培养他们积极参与社会生活的意识和能力。

5.家校社协同教育

道德与法治课程强调家校社协同教育，从而形成共同育人的良好氛围。家校社协同的重要性不可忽视，它是促进学生全面发展和培养积极价值观的关键。家校社协同教育的方式是家长主动参与学校活动；学校定期邀请家长参加道德与法治相关的活动，组织家长培训课程及通过家校互动平台等对家长进行培训和教育；与社区机构及派出所、法院、志愿者组织等社会资源合作，邀请专业人士参与道德与法治教育，提供实际案例和经验分享。为学生提供更丰富、更具实践性的道德与法治教育，帮助他们树立正确的价值观，增强法治意识，培养积极的社会责任感。

6.关联其他学科

道德与法治课程与其他学科相互关联，形成综合性教育。通过跨学科的教学，可以更好地帮助学生理解和应用道德与法治知识。与历史、政治、社会学等学科进行关联教学，学生可以更好地理解社会的发展历程、政治体制及社会规则和法律的制定。与语文学科进行关联教学，学生可以学习道德与法治相关的故事和文学作品，理解其中蕴含的道德智慧和价值观。同时，关联语文学科也有助于提高学生的理解和表达能力，让他们更好地表达自己的观点和理解他人的观点。跨学科的教学可以帮助学生在不同学科之间建立联系，提升对道德与法治知识的理解和应用能力。

小学道德与法治课程面向全体学生，普及率高，是学校教育的必修内容。课程按年级分级设置，形成系统的教学内容和目标，逐步培养学生的道德与法治素养。道德与法治课程在中小学教育中具有重要地位，是学生全面发展和社会和谐稳定的重要组成部分，能够全面促进学生的道德与法治素养提升，使学生健康成长，形成正确的价值观和行为准则，为他们的终身发展和社会参与奠定坚实基础。

（五）小学道德与法治课程理念

小学道德与法治课程引导学生在体验自身生活和参与社会生活的过程中，学会热爱生活、创造生活；在服务自我、他人和集体的行动中，学会关心他人、关爱集体；在与自然以及周围环境的互动中，学会主动探究，发展创新意识和实践能力。以"成长中的我"为原点，将学生不断扩大的生活和交往范围作为建构课程的基础，依据我与自身，我与自然、家庭、他人、社会，我与国家和人类文明关系的逻辑，进行一体化设计。

1.以立德树人为根本任务，发挥课程的思想引领作用

小学道德与法治课程以立德树人为根本任务，具有重要的思想引领作用。课程不仅是培养学生道德情感、价值观和法治意识的重要途径，更是全面提升学生素质和培养其社会责任感的基础。通过道德与法治课程，对学生进行价值观塑造，引导学生理解运用马克思主义的立场、观点、方法观察时代、把握时代、引领时代的意义，形成正确的世界观、人生观、价值观，践行和弘扬社会主义核心价值观，坚定理想信念，厚

植爱国主义情怀，增进对伟大祖国、中华民族、中华文化、中国共产党、中国特色社会主义的高度认同，把爱国情、强国志、报国行自觉融入坚持和发展社会主义事业、建设社会主义现代化强国、实现中华民族伟大复兴的奋斗之中。培养正直、善良、宽容、友爱等品德，以及法律意识、公民意识等。提升学生的情感修养，使其具备同情心、爱心、感恩心等情感品质，从而建立积极的人际关系。通过生动的案例、故事，让学生了解法律的基本原则和社会规范，培养他们遵守法律、尊重法律的法治意识。道德与法治课程可以帮助学生理解个人与社会的关系，培养他们的社会责任感，激发他们积极参与社会公益活动的热情。通过案例分析、讨论等方式，培养学生的批判性思维，提升其判断能力和解决问题的能力，使他们能够在面对复杂情境时作出明智的决策。道德与法治课程提供了实践平台，让学生将所学知识应用于实际生活，从而在实践中不断积累经验，发展核心素养。通过了解国家、社会、文化等方面的知识，培养学生的公民意识。小学道德与法治课程以立德树人为根本任务，为学生的道德品质、法治观念、社会责任感等方面的全面培养提供有力的支持和引领。

2.遵循育人规律，强化课程一体化设计

道德与法治教育寓于学生生活的方方面面，课程以"成长中的我"为原点，将学生不断扩大的生活和交往范围作为建构课程的基础。遵循学生身心发展特点和成长规律，按照大中小学德育一体化的思路，依据我与自身，我与自然、家庭、他人、社会，我与国家和人类文明关系的逻辑，以螺旋上升的方式组织和呈现教育主题，强化课程设计的整体性。学生品德的形成源于他们对生活的体验、认识、感悟与行动。只有源于学生实际生活和真实道德冲突的教育活动才能引发他们内心的而非表面的道德情感、真实而非虚拟的道德认知和道德行为。良好品德的培养必须在学生的生活中进行。

　　小学道德与法治课程的理念要求应该遵循育人规律，并强化课程一体化设计，以促进学生的全面发展。需要关注发展阶段，了解小学生的认知、情感、社会性等特点，确保课程内容和教学方法符合他们的年龄和成长特点，激发他们的兴趣和参与热情。将道德与法治融合在综合课程中，强调它们的关联性和互补性。帮助学生理解道德是法治的基础，法治是道德的保障。通过跨学科项目和活动，将道德与法治与其他学科有机地结合起来，培养学生的综合素质和跨学科思维能力。引导学生在情感与认知之间建立平衡，提升他们的情感修养、情感智慧，使道德与法治的学习更加深入和有意义。通过真实案例的引入，让学生从具体情境中学习道德与法治，培养他们的分析和判断能力，将道德与法治知识应用于实际生活。安排各种实践活动，让学生在实际生活中体验道德与法治的重要性，培养他们的实际操作能力和社会责任感。引导学生思考和探讨各种价值观，帮助他们树立正确的世界观、人生观和价值观，形成积极向上的价值导向。教师要充当学生的引导者和启发者，鼓励学生提出问题、分享观点，促进师生之间的积极互动。将真实的社会问题引入课堂，引发学生的思考和讨论，培养他们解决实际问题的能力。小学道德与法治课程需要更好地遵循育人规律，强化课程一体化设计，使学生在道德、法治、情感等多个方面得到全面发展，为他们的成长和未来作出有益的贡献。

　　3.以社会发展和学生生活为基础，构建综合性课程，让教与学根植于学生的生活

　　道德与法治课程立足于发展学生核心素养，以引导学生学习和掌握道德与法律的基本规范，提升思想政治素质、道德修养、法治素养和人格修养为主旨，坚持学科逻辑和生活逻辑相统一，主题学习与学生生活相结合。内容选择体现社会发展要求，特别是中国特色社会主义进入新时代对道德与法治教育提出的新要求，突出中华民族传统美德、革命传

统和法治教育，有机整合社会主义先进文化教育、革命文化教育、中华优秀传统文化教育、国家安全教育、生命安全与健康教育、劳动教育等相关主题。学生的知识体系是通过其在生活与活动中的直接体验、思考、积累而逐步建构起来的，学生的发展是其怀着对生活的热爱，通过参与丰富多彩的实践活动，与外界环境积极互动而实现的。道德与法治课程必须根植于学生的生活才会对学生有意义，要以学生的真实生活为基础，增强课程内容的针对性和现实性，突出问题导向，正视关注度高、涉及面广的问题，引导学生发现问题、分析问题、解决问题，提升道德理解力和判断力，强化规则、纪律、秩序、诚信、团结合作等教育。教学时主题学习应与学生现实生活相结合，从学生的生活中提取教学素材，与学生的生活世界相联系，提高道德与法治课程的实效性，真正促进学生的成长。

　　构建以社会发展和学生生活为基础的综合性小学道德与法治课程理念，可以使课程更加贴近学生的实际需求和社会背景，使他们在道德、法治、价值观等方面得到全面培养。构建小学道德与法治综合性课程可以以社会问题导入，将当前社会热点、道德争议等问题引入课堂，激发学生学习兴趣，让他们从实际生活出发思考和讨论。进行实际案例分析，引入真实案例，让学生通过分析和讨论了解法律与道德在实际问题中的应用，培养他们的判断和解决问题的能力。组织情景模拟演练，让学生在虚拟的情境中体验道德和法治决策的过程，锻炼他们应对实际问题的能力。在条件允许的情况下组织社区实践，安排学生参与社区服务、公益活动等，让他们在实践中感受道德和法治的重要性，培养社会责任感。引入不同文化背景、价值观的内容，让学生了解多元文化的存在，培养尊重、理解和包容的态度。与现代科技关联，将现代科技与道德、法治等内容关联起来，引导学生正确使用科技，培养网络安全意识和数字素养。可以通过问题式学习探究活动，引导学生独立研究项目，鼓励学生选择个人或小组项目，深入研究某一道德或法治议题，培养他们的自主学习和探究能力。设计小组讨论、合作项目等，培养学生的民主意识、合作精神和团队合作能力。引导学生定期对自己的道德行为和法治意识进行反思，通过自我评估和互评，不断提升自身素质。整合家庭、社区资源，将道德与法治课程延伸到家庭，促进家庭教育和校外实践的结合。综合性的小学道德与法治课程更加贴近学生的生活和社会需求，有助于培养他们的道德情感、法治意识和综合素质，使他们成长为具有社会责任感和创新能力的社会主义事业接班人。

4.坚持教师价值引导和学生主体建构相统一，建立校内和校外相结合的育人机制

道德与法治课程教学遵循道德修养与法治素养的形成规律，坚持教师主导与学生主体相统一的教育原则。关注价值性和知识性相统一、灌输性和启发性相统一。发挥教师主导作用，晓之以理、动之以情、导之以行，做到价值性和知识性相统一、灌输性和启发性相统一。突出学生主体地位，充分考虑学生的生活经验，通过设置议题，创设多样化的学习情境，引导学生开展自主、合作的实践探究和体验活动，帮助学生形成正确的价值观，涵养必备品格，增强规则意识，发展社会情感，提升关键能力，使他们在感悟生活中认识社会，学会做事，学会做人，把道德与法治教育的方向引领和学生发展有机统一起来。坚持家庭、学校、社会教育相结合，引导学生走出教室，积极参与社会实践活动，以学生的综合素养成长为核心目标，引导学生开展自主、合作、项目化的实践和研究活动，发挥家校社合作的效用，使学生在充分体验的基础上发展社会情感，提升关键能力。

坚持教师价值引导和学生主体建构相统一，同时建立校内与校外相结合的育人机制，使小学道德与法治课程更具有针对性、实效性和创造性。教师作为道德和法治的引领者，应该注重提升自身的专业素养和道德修养，通过言传身教，对学生产生积极的道德影响。在课程设计中，注重培养学生的自主思考、自主学习和自主探究能力，让他们在参与课程时成为主体，形成自己的理解和看法。将课堂教学与实践相结合，如组织社会实践活动、校内项目等，让学生在实际情境中体验道德与法治的重要性。利用社区资源、家庭资源，扩展道德与法治教育的外延。邀请专业人士、家长等参与课程，丰富教学内容。开展情景模拟和角色扮演，让学生在虚拟情境中体验道德决策，培养他们的实际应对能力。让学生选择并参与社会实践，从中了解社会问题、提升社会责任感，并将道德法治知识应用到实践中去。建立学生间合作、互助的机制，让他们在合作中培养团队合作精神，共同解决问题。引入多种评价方式，如学习日志、项目评估、口头表达等，更全面地了解学生的发展情况。与家长配合，共同关注学生的道德和法治教育，使课程延伸到家庭，形成一体化育人格局。不断对育人机制进行评估和改进，根据实际效果不断调整教学方法和实践活动，使育人机制更加完善。小学道德与法治课程可以在教师价值引导和学生主体建构的基础上，整合校内外资源，形成综合性的育人机制，发展学生核心素养。

5.发挥综合运用多种评价方式的教育作用，促进知行合一

在小学道德与法治教学中，围绕发展学生核心素养，发挥评价的引导作用，改进结果评价，强化过程评价，探索增值评价。结果评价要全面关注知识、情感和行为的发展，关注学生在学校、家庭和社会生活中的日常品行和表现；过程评价要更加关注发挥评价的激励和改进功能；增值评价要关注学生思想品行的发展，注重对学生的激励。坚持学生自我评价、教师评价、同伴评价、家长评价和社区评价相结合，借助信息技术探索和优化纸笔测试、学生成长记录袋、日常行为表现记录卡等定性和定量多种评价方式，提升道德与法治课程评价的科学性、专业性、客观性。综合运用多种评价方式促进知行合一，即学生不仅在理论上了解道德和法治的知识，而且能够将其运用到实际生活中，形成良好的行

为习惯和正确的价值观。全面关注知识、情感和行为的发展，关注学生在学校、家庭和社会生活中的日常品行表现等结果评价；关注激励和改进的过程性评价；关注学生思想品行发展和进步的增值评价。坚持多元评价体系的落实，通过学生自我评价、教师评价、同伴评价、家长评价和社区评价相结合等多种评价方式，使学生在不同方面得到鼓励和指导，促进他们全面发展和成长。

（六）小学道德与法治课程总目标

第一，使学生能够初步了解中国的基本国情、中华优秀传统文化的主要代表性成果，了解中国共产党的历史和革命传统、改革开放和中国特色社会主义的伟大成就，汲取党史、新中国史、改革开放史、社会主义发展史所蕴含的精神力量，热爱伟大祖国、中华民族、中华文化、中国共产党和中国特色社会主义，为自己是中国人而自豪；具有维护民族团结的意识，能够把个人发展和国家命运联系起来，维护国家利益和安全；能够理解社会主义核心价值观的内涵及其重要意义，并在社会生活中自觉践行；能够以实现中华民族伟大复兴为己任，增强做中国人的志气、骨气、底气，不负时代，不负韶华，不负党和人民的殷切期望；关心时事，热爱和平，初步具有国际视野和人类命运共同体意识。

第二，使学生能够了解个人生活和公共生活中基本的道德要求和行为规范，能够在日常生活中践行诚实守信、团结友爱、尊老爱幼等基本的道德要求；形成初步的道德认知和判断，能够明辨是非善恶；通过体验、认知和践行，培养良好的道德品质。

第三，使学生能够具有基本的规则意识和安全意识，理解宪法的意义，知道与学生生活密切相关的法律，能够初步认识到法律对个人生活、社会秩序和国家发展的规范和保障作用；形成宪法法律至上、法律面前人人平等、权利义务相统一的观念；遵守规则和法律规范，提高自我防范意识，掌握基本的自我保护方法，预防意外伤害，养成自觉守法、遇事找法、解决问题靠法的思维习惯和行为方式，初步具备依法参与社会生活的能力。

第四，使学生能够正确认识生命的意义和价值，珍爱生命，热爱生活；初步具有自尊自强、坚韧乐观的心理素质和道德品质；具有理性平和的心态，能够建立良好的同伴关系、师生关系和家庭关系，树立正确的合作与竞争观念，具有团队意识和互助精神；具备积极向上、锐意进取的人生态度，能够适应变化，不怕挫折。

第五，使学生能够关心集体、社会和国家，具有主人翁意识、责任感和集体主义精神，主动承担对自己、家庭、学校和社会的责任，自觉维护祖国统一和国家安全；能够主动参与志愿者活动、社区服务活动，具有为人民服务的奉献精神，勇于担当；能够遵守社会规则和社会公德，依法依规有序参与公共事务，具有公共意识和公共精神；敬畏自然，保护环境，形成人与自然生命共同体的意识。

培养学生基本的道德观念、法治观念和公民责任感，建立正确的价值观和行为准则，以及了解法律和社会规则的基本内容。这些目标旨在引导学生在日常生活中形成积极健康的道德品质，培养他们的法律意识，使他们成为遵纪守法、尊重他人、关心社会的良好公民。

小学道德与法治课程的目标是引导小学生树立正确的道德观念，通过道德与法治课，小学生将学会尊重他人、诚实守信、关心他人、友善待人等基本道德准则。这有助于形成良好的人际交往和行为习惯，培养优良品质。培养基本的法治观念，小学生在道德与法治课中应了解法律的重要性，认识到法律对社会秩序和公平正义的维护作用。培养他们依法办事的意识，不违法乱纪，从小树立正确的法律意识。培养公民责任感，小学道德与法治课程的目标还包括培养学生关心社会、参与社会公益事业的责任感。通过教育，让学生认识到每个人都应该为社会的进步和发展贡献自己的一份力量，从小建立起为社会负责的意识。了解社会规则，在道德与法治课中，学生应该学习基本的社会规则，如交通规则、安全规则、环境保护规则等。这有助于他们在日常生活中遵守规则，增强安全意识，形成良好的生活习惯。培养批判性思维，小学道德与法治课程也应当培养学生批判性思维，让他们学会分析和评价不同的道德问题和社会现象。通过思考和讨论，培养学生理性判断问题的能力，从而在面对诱惑或困难时能够作出明智的选择。培养道德自觉，最终目标是让学生形成内在的道德自觉。不是因为老师的要求和监督，而是在自己的内心深处明白什么是对的、什么是错的，并自愿去遵守道德规范和法律法规。

小学道德与法治课程目标可以通过寓教于乐的教学方式实现，结合具体的实践活动和案例分析，让学生在轻松愉快的学习氛围中感受到道德与法治的重要性。同时，学校和家长的共同努力也是至关重要的，全方位的教育和引导，有利于培养出品德高尚、法律意识强的小学生。

第二节　小学道德与法治课程核心素养

小学道德与法治课程核心素养的意义是引导学生形成正确的道德观念、法治观念和崇高的公民责任感，主要包括政治认同、道德修养、法治观念、健全人格、责任意识等，使他们成为具有较高道德素养和法治素养的优秀公民。这对于学生成长为德智体美劳全面发展的社会主义事业建设者和接班人具有非常重要的意义。

一、小学道德与法治课程核心素养体系

道德与法治课程围绕核心素养，体现课程性质，反映课程理念，确立课程目标。道德与法治课程要培养的核心素养，主要包括政治认同、道德修养、法治观念、健全人格、责任意识等。政治认同是社会主义建设者和接班人必须具备的思想前提，道德修养是立身成人之本，法治观念是行为的指引，健全人格是身心健康的体现，责任意识是担当民族复

兴大任时代新人的必备品质。

1.政治认同

政治认同是指具备热爱伟大祖国、中华民族、中华文化、中国共产党、中国特色社会主义的情感，以及为中华民族伟大复兴而奋斗的志向，能够自觉践行和弘扬社会主义核心价值观。这是个体对于自己所属社会、国家或政治体系的认同感和归属感。在道德与法治教育中，培养学生的政治认同具有重要意义，它是社会主义建设者和接班人必须具备的思想前提，涉及学生作为公民的身份认同和责任意识。

政治认同主要表现为政治方向、价值取向和家国情怀。作为中国人，要热爱祖国、热爱中国共产党、热爱人民。使学生从小树立为国家繁荣昌盛而奋斗的志向。拥护中国共产党，感受我们今天的幸福生活是因为中国共产党的正确领导。中国共产党领导是中国特色社会主义的最本质的特征，是中国特色社会主义制度的最大优势。在价值取向方面要践行和弘扬社会主义核心价值观，坚定共产主义远大理想和中国特色社会主义共同理想，增强中华民族价值认同和文化自信。对家庭有浓厚的情感，热爱家乡，热爱伟大祖国，热爱中华民族，自觉铸牢中华民族共同体意识，具备以实现中华民族伟大复兴为己任的使命感。

培养学生的政治认同，有助于他们形成正确的世界观、人生观、价值观，坚定正确的政治方向，初步树立共产主义远大理想和中国特色社会主义共同理想，成为德智体美劳全面发展的社会主义建设者和接班人。培养学生对自己的国家和民族的热爱，让他们认识到自己是国家的未来、民族的希望，应该为国家的繁荣和进步贡献力量。培养政治认同，应注重培养学生对于社会和政治生活的积极参与态度，让他们意识到自己作为中国人的责任。

2.道德修养

提升道德修养，即培养学生正确的道德品质和良好的道德行为，把道德规范内化于心、外化于行，使其成为有品德、有责任感的公民。

道德修养主要表现为个人品德、家庭美德、社会公德和职业道德。个人品德方面主要是践行以爱国奉献、明礼遵规、勤劳善良、宽厚正直、自强自律为主要内容的道德要求，在日常生活中养成诚实守信、团结友爱、热爱劳动等个人美德和优良品行。家庭美德方面主要是践行以尊老爱幼、男女平等、勤劳节俭、邻里互助为主要内容的道德要求，做家庭的好成员。社会公德方面主要是践行以文明礼貌、相互尊重、助人为乐、爱护公物、保护环境、遵纪守法为主要内容的道德要求，做社会的好公民。职业道德方面主要是树立劳动不分贵贱的观念，理解以爱岗敬业、诚实守信、办事公道、热情服务、奉献社会为主要内容的职业道德，做好未来的建设者。培育学生的道德修养，有助于他们经历从感性体验到理性认知的过程，传承中华民族传统美德，弘扬民族精神和时代精神，维护国家利益和安全，增强民族气节，明大德、守公德、严私德，形成健全的道德认知和道德情感，发展良好的道德行为。通过道德修养的培养，学生不仅在道德知识方面有所提高，更重要的是在日常生活中形成良好的行为习惯和价值观。教师在教学中应该注重榜样的力量，以身作则，通过自己的行为和态度影响学生。同时，也应该通过课堂活动、讨论、角色扮演等方式，引导学生思考和实践道德价值观，使他们在道德与法治教育中得到全面发展。

3.法治观念

法治观念是指树立宪法法律至上、法律面前人人平等、权利义务相统一的理念，使尊法学法守法用法成为人们的共同追求和自觉行为。法治观念主要表现为宪法法律至上、法律面前人人平等、权利义务相统一、守法用法意识和行为、生命安全意识和自我保护能力。理解宪法在法律体系中具有最高的权威，任何个人和组织都必须遵守宪法和法律。法律面前人人平等，使学生了解公民的合法权益一律平等地受到法律保护，任何人的违法犯罪行为都会被依法追究，不允许任何人有超越法律的特权。理解每个公民都享有宪法和法律赋予的权利，同时也必须履行宪法和法律规定的义务。了解以民法典为代表的、与日常生活以及未成年人保护密切相关的法律法规，树立法治意识，养成守法用法的思维方式和行为习惯。了解和识别可能危害自身安全的行为，具备自我保护意识，掌握基本的自我保护方法，预防和远离伤害。

培育学生的法治观念，有助于他们形成法治信仰和维护公平正义的意识，做社会主义法治的忠实崇尚者、自觉遵守者、坚定捍卫者。在小学道德与法治课程中，核心素养中的法治观念是非常重要的，它涉及学生对法律、法治和法律意识的理解和认同。培育学生的法治观念旨在培养学生遵守法律、尊重法治的意识，形成正确的法律意识和良好的法律行为习惯。引导学生尊重社会秩序，不参与破坏社会秩序的行为，共同维护社会的和谐稳定。通过法治观念的培养，学生不仅能了解法律的基本概念和作用，更重要的是在日常生活中形成遵纪守法、尊重法律的意识和行为习惯。教师在教学中应该注重实践教学，通过案例分析、角色扮演、讨论等方式，引导学生了解法律的具体应用和意义。同时，教师还应该与家长和社会合作，共同培养学生的法治观念，使其在道德与法治教育中得到全面发展。

4.健全人格

健全人格是指具备正确的自我认知、积极的思想品质和健康的生活态度。健全的人格主要表现为自尊自信、理性平和、积极向上、友爱互助。自尊自信即能正确认识自己，珍爱生命，能够自我调节和管理情绪，具备乐观开朗、坚韧弘毅、自立自强的健康心理素质。理性平和即开放包容，能理性表达意见，树立正确的合作与竞争观念，能够换位思考，学会处理与家庭、他人、集体和社会的关系。积极向上主要指有效学习，能够主动适应社会环境，确立符合国家需要和自身实际的健康生活目标，热爱生活，积极进取，具有适应变化、不怕挫折、坚韧不拔的意志品质。友爱互助即真诚、友善，拥有同理心，具有互助精神。

培育学生的健全人格，有助于他们正确认识自我、学会学习、学会生活、学会合作，提高适应社会、应对挫折的能力。

5.责任意识

责任意识是指具备承担责任的认知、态度和情感，并能转化为实际行动。责任意识主要表现为主人翁意识、担当精神、有序参与。主人翁意识主要指对自己负责，关心集体、关心社会、关心国家，维护祖国统一和国家安全，具备国家利益高于一切的观念。担当精神主要指具有为人民服务的奉献精神，积极参与志愿者活动、社区服务活动，热爱自然，践行绿色生活方式。有序参与主要指具有民主和法治意识，守规矩，重程序，能够依法依规参与公共事务，根据规则参与校园生活的民主实践。

培育学生的责任意识，有助于他们提升对自己、家庭、集体、社会、国家和人类的责任感，增强担当精神和参与能力。

6.道德与法治认知和情感

在小学道德与法治的核心素养中，道德与法治认知和情感是两个重要方面，它们相辅相成，共同作用于学生正确的价值观和行为准则的养成。

道德与法治认知：道德与法治课程旨在让学生认知道德和法治在社会生活中的重要性和作用。这包括以下几方面内容。

理解道德：学生应该认识到什么是道德，即道德是人们共同遵循的准则和行为规范，是社会和谐稳定的基石。

了解法律：学生应该对法律有初步的认识，知道法律是国家制定的，具有强制性，是维护社会秩序和公平正义的工具。

识别价值观：学生需要学会辨别不同的价值观，了解哪些是积极的，哪些是不当的或者有害的。

理解社会规则：学生需要了解社会的基本规则和行为准则，包括学校规则、家庭规则和公共场所的规定等。

道德与法治情感：除了认知，情感在培养学生道德与法治素养中同样重要。正确认识和培养道德与法治情感，可以激发学生的积极性和主动性，促进其道德行为的形成和巩固。

情感投入：通过情感投入，学生能够真正感受到道德和法治对个人和社会的重要性，从而增强遵守规则、尊重他人的意识。

同理心与责任感：应该培养学生的同理心，使他们懂得理解他人的感受和需要，从而更加关心他人，具有责任感，愿意为他人和社会贡献自己的力量。

感受社会正义：通过道德与法治课，学生能够从情感上感受到社会正义的重要性，树立公平和正义的意识。

道德与法治认知和情感相互促进，正确的认知有助于形成积极的情感，而情感的投入又会加深对道德与法治的认识和理解。通过培养学生的道德与法治认知和情感，学校和教师能够帮助学生树立正确的世界观、人生观、价值观，培养优秀的公民，为社会和谐稳定和国家的发展作出积极的贡献。

7.道德与法治观念和行为

在小学道德与法治的核心素养体系中，道德与法治观念和行为是两个关键的要素。这两个要素相辅相成，共同构成了学生的道德和法治素养。

道德与法治观念是学生对道德和法治的认识和理解。它包括以下方面：尊重他人和公平正义观念，学生应该认识到每个人都应该受到尊重，应该平等对待他人，并且认识到公平正义是社会和谐稳定的基础；诚实守信观念，学生应该理解诚实守信的重要性，明白说真话和守信用是维护社会信任的基础；宽容和友善观念，学生应该培养宽容待人和友善交往的观念，形成和谐的人际关系，增强社会的凝聚力；遵守规则和法律观念，学生应该了解遵守规则和法律的重要性，明白规则和法律是维护社会秩序和公平正义的基础。

道德与法治行为是学生在日常生活中的实际行动，是观念的具体体现，它包括以下方面：尊重他人，学生应该尊重师长、父母、同学和其他人，不歧视他人，关心他人的感受，形成良好的人际交往和待人态度；诚实守信，学生应该言行一致，信守承诺，不说谎、不作弊，树立诚信意识；宽容和友善，学生应该宽容对待他人，乐于助人，增进友谊，建设和谐校园；遵守规则和法律，学生应该遵守学校和家庭的规则，也要遵守社会的法律法规，不违法乱纪，树立法治意识；关心社会和积极参加公益活动，学生应该关心社会问题，参与公益活动，为社会进步和发展作出积极贡献。

道德与法治观念和行为相互影响，正确的观念会引导学生形成积极的行为，而良好的行为表现又会强化正确的观念。通过道德与法治课的教育和引导，学生可以逐渐形成正确的道德观念和法治观念，并将其转化为积极的道德与法治行为，成为具有良好道德修养和法治素养的社会栋梁。

二、培养和提升小学生道德与法治核心素养的意义

培养和提升小学生道德与法治核心素养具有重大的意义，这不仅对学生的个人成长和发展有益，还对社会的进步和和谐有着深远的影响。同时，道德与法治课在中小学教育中也拥有重要的地位，具有重大意义。

第一，提高问题解决能力。道德与法治课有助于培养学生解决问题

的能力和批判性思维，让他们更好地应对日常生活中的挑战和困难。

第二，塑造正确的价值观。道德与法治课有助于塑造学生正确的价值观，培养他们尊重他人、诚实守信、友善宽容等良好品质，形成积极向上的人生观和价值观。

第三，增强公民责任感。道德与法治课有助于增强学生的责任感，让他们关心社会问题，参与社会公益事业，为社会发展和进步作出贡献。

第四，提高综合素质。道德与法治课有助于培养学生批判性思维、合作意识、沟通能力等综合素质，促进学生全面发展。

第五，培养法律和法治意识。道德与法治课有助于学生学习法律知识和树立法治意识，让他们了解法律的作用和重要性，遵守法律法规，提高法律素养。

第六，培育社会主义核心价值观。道德与法治课有助于传承和弘扬社会主义核心价值观，培养学生爱国、守法、诚信、友善等优秀品质，推动社会主义核心价值观深入人心。

第七，传承中华优秀传统文化。道德与法治课有助于传承中华优秀传统文化，帮助学生树立正确的历史观、民族观、国家观。

第八，促进社会和谐稳定。道德与法治课有助于培养学生的道德与法治素养，减少违法犯罪行为，维护社会和谐稳定，营造良好社会环境。

第九，提高社会文明程度。通过培养学生的道德素养和法治观念，有助于提高社会的整体文明程度，形成文明、友善、和谐的社会风尚。

第十，建设和谐社会。道德与法治课有助于培养学生的道德素养，有助于建设和谐社会，营造良好社会环境，促进社会稳定和发展。

小学阶段是学生价值观和行为准则形成的关键时期，培养和提升道德与法治核心素养对学生的成长和未来发展具有重要意义。这门课程能够为学生打下坚实的道德和法治基础，让他们成为具有良好道德品质和社会责任感的公民，为社会和谐稳定和国家发展贡献力量。

第二章　小学道德与法治教学的基本策略

第一节　小学道德与法治课堂教学组织策略

目前，小学道德与法治课堂教学现状堪忧。相关调查数据显示，小学阶段的道德与法治专职教师严重不足，兼职教师占90%以上，小学道德与法治教师基本由语文教师兼任。义务教育阶段的课程设置将道德与法治课排在第一位，周课时根据年级的不同一般是每周2~3课时。但因为道德与法治是非传统的纸笔考试科目，再加上该学科多由工作量已比较饱满的语文教师兼职，所以在实际工作中，存在对道德与法治教学重视度不够、道德与法治课被其他学科占课的情况。另外，道德与法治教材结构、课本内容、教学活动的组织等有不同于其他学科的特点。总体而言，道德与法治教材内容涉及面广，特别是六年级上册教材，无论是对教学内容的把握，还是教学活动的规范组织，对于兼职老师来说都是有难度的。再加上兼职教师对于这门课程的教育教学教研所用的时间和精力有限，不太了解这门课程的课堂教学结构、教学活动特点，不知道怎样有效设计、组织课堂教学活动。甚至在各级各类的小学道德与法治课堂教学比赛中，有教师在结构安排、活动组织、语言表达上具有"语文味""历史味"等情况。如何规范地组织小学道德与法治课堂教学活动，是我们需要关注和研究的重要内容，其对于提高小学道德与法治教学实效、实现立德树人目标大有裨益。

一、合理设定教学目标

小学道德与法治课教学目标的合理设定能够确保学生在道德与法治等方面的知识、态度和价值观的全面发展。以下是合理设定的教学目标。

1.培养学生正确的价值观和道德观

通过故事、案例、角色扮演等教学手段，培养学生对善恶、正误的判断力，形成正确的价值观和道德观。帮助学生理解尊重他人、友善待人、诚实守信等重要道德观念，并激发他们在日常生活中实践这些价值观的意愿。

2.培养学生遵纪守法的意识

介绍法律的基本概念，让学生了解法律对社会的重要性和约束作用。培养学生遵守学校规章制度、家庭规定和社会法律的习惯，增强学生自觉遵守法律的意识。

3.提高学生的社会责任感

引导学生关注社会问题和他人需求，培养学生乐于助人、关心社会的品质。让学生认识到自己在社会中的角色和责任，激发他们对社会发展作出积极贡献的意愿。

4.培养学生正确决策和解决问题的能力

通过案例分析和角色扮演等活动，让学生学会分析问题、权衡利弊、作出合理决策。教授学生理性解决纠纷和冲突的方法，鼓励他们理智地运用法律手段解决问题。

5.培养学生法治意识和法治素养

通过对宪法、法律、法规等解读，提高学生对法治的认知和理解。鼓励学生尊重法律、学习法律知识，增强法律意识和法治素养。

6.培养学生的团队合作与沟通能力

在课堂中设计小组讨论、合作学习等活动，促进学生之间的交流与合作。培养学生与他人的沟通能力，增进相互理解和尊重，为未来更好地融入社会做准备。

7.培养学生对历史和文化的认知

通过历史案例和中华优秀传统文化的介绍，增进学生对国家、社会发展历程的了解。让学生认识到中华优秀传统文化在道德和法治方面的积极作用，形成对中华优秀传统文化的尊重和保护意识。

以上是道德与法治课的教学目标，教师在教学中可以根据学生的年龄、认知水平和社会背景等因素，合理设定具体的教学目标，并采用多样化的教学手段和开展丰富的教学活动来实现这些目标。

二、遵循活动性课程特点

小学道德与法治课常被视为一门活动性课程，其主要有以下特点。

第一，强调互动与实践。活动性课程注重学生的参与和互动，通过实践和体验，让学生更加深入地理解道德与法治的概念和原则。学生可以在课堂上参与小组讨论、角色扮演、模拟法庭等活动，以便更好地理解和应用所学知识。

第二，引导学生主动学习。活动性课程鼓励学生主动参与学习过程，通过自主探究来学习道德与法治知识。教师在其中担任指导者的角色，帮助学生形成正确的道德观念和法治意识。活动性课程通常会将道德与法治知识与学生的日常生活场景结合起来，引导学生将所学内容与实际情况相联系，融入生活场景，增加学习的实用性和可操作性。

第三，培养团队合作与沟通能力。在活动性课程中，学生常常需要与同学合作完成任务，这有助于培养他们的团队合作和沟通能力，同时增强他们的集体荣誉感和责任感。

第四，注重情感教育。道德与法治涉及价值观养成和道德情感的培养，活动性课程可以更好地陶冶学生的道德情操，引导他们形成正确的价值观。

第五，强调案例分析。通过具体的案例分析，学生可以更深入地理解道德与法治的原则，并且学会从法律的视角去看待问题，培养学生辨别是非、正确处理问题的能力。

小学道德与法治课作为活动性课程，注重培养学生的实践能力、自主学习能力、道德意识和法治观念，让学生在积极参与课堂教学的过程中全面发展。课程设计旨在让学生从小树立正确的价值观和法治观念，为他们未来的成长打下坚实的道德与法治基础。

三、准确定位师生课堂角色

道德与法治教学遵循道德修养和法治素养的形成规律，坚持教师主导与学生主体相统一。发挥教师主导作用，晓之以理、动之以情、导之以行，做到价值性和知识性相统一、灌输性和启发性相统一。突出学生的主体地位，充分考虑学生的生活经验，通过设置议题，创设多样化的学习情境，引导学生开展自主、合作的实践探究和体验活动，帮助学生形成正确的价值观，涵养必备品格，增强规则意识，发展社会情感，提升关键能力，使他们在感悟生活中认识社会，学会做事，学会做人，把道德与法治教育的方向引领和学生发展有机统一起来。在小学道德与法治课堂上，教师和学生的角色定位非常重要，它们决定了教学的效果和学生的学习体验。

1.教师的角色定位

①引导者。教师在课堂上应该起到引导学生学习的作用，引导他们学习道德与法治知识和树立正确的价值观。

②榜样。教师应该以身作则，成为学生提升道德修养和法治素养方面的榜样。

③启发者。教师应该引导学生进行深入思考和讨论，通过提出问题和引导讨论，帮助学生深入理解和运用所学的知识。

④评估者。教师需要对学生的学习情况进行评估，及时发现学生的问题，并给予指导和帮助。

2.学生的角色定位

①学习者和参与者。学生是课堂学习的主体，应该积极参与课堂活动，主动学习和探索。

②接受者和思考者。学生需要接受教师的指导和知识传授，同时要积极思考和分析，形成自己的看法和观点。

③合作者。学生应该积极与同学合作，共同参与讨论等活动，培养团队合作意识。

④自主学习者。学生应该培养自主学习的习惯，主动探索和学习，不能仅依赖于教师的指导。

在小学道德与法治课堂上，教师和学生的角色是互动的，教师要根据学生的不同需求和特点，采取相应的教学策略和方法。教师应该尊重学生的个体差异，鼓励学生自主思考和表达，让课堂成为一个积极互动的学习场所，促进学生全面发展。

四、教学案例

以人教版《道德与法治》一年级下册第12课《干点家务活》的课堂实录为教学案例。

干点家务活

一、导入

1.导入语：同学们，今年是2019年，是什么生肖年？（猪年）这节课我们班有同学带来了新朋友，请出新朋友和大家见见面吧！（学生送小猪佩奇玩偶到教室前面展示）今天就让可爱勤劳的小猪佩奇陪我们度过一节愉快的道德与法治课吧。

小猪佩奇的爸爸妈妈爱小猪佩奇，小猪佩奇也爱爸爸妈妈，爱自己温暖的家。我们一起来看看小猪佩奇在家里做什么呢？注意边看边想，你看到了什么？想到了什么？

2.播放动画：《小猪佩奇帮妈妈做家务活》。

3.小猪佩奇也想看看我们班的同学在家里做了什么，让我们一起来看看。播放视频（视频中姚同学拖地、泡茶、擦桌子、洗碗、叠衣服）。

4.提问：姚同学在家里做什么？

5.这节课我们继续讨论关于"干点家务活"的话题。

（板书课题：12　干点家务活）

二、活动

（一）做家务活了吗

1.全班交流。

上节课的课后实践活动是在家里干点家务活，现在大家一起交流完成情况。可以说一说你干过哪些家务、怎么干、有什么感受，以及做完家务活后心情怎样。（电子书包抢答）有没有做什么不一样的家务活？

（洗碗、拖地、扫地、摆碗筷、收拾餐桌、摆椅子、擦桌子、洗碗、叠衣服、择菜等）

小结：刚才同学们交流了自己干的家务活，我们都是家庭的成员，主动做一些家务活是爱家、爱家人的表现。

（板书：主动做）

2.小组交流。

我们将进行小组交流活动，请注意听清此次小组交流的要求。

（1）2号位同学担任此次小组交流活动的组长，组织交流。

（2）先在组内交流，后可在小组间交流，注意音量适当。

（3）重点交流做了哪些家务，是怎么做的。听的同学可积极发表自己的感受和疑问。

现在请同学们拿出课前准备的"我是家务小能手记录单"和相关材料，开始小组交流。

组内交流后拍照上传。（《劳动最光荣》配乐）发布主观题让学生拍摄做家务的照片并上传。

3.全班交流，点评材料（有代表性的内容），探究做家务的好方法。

做家务有什么好方法呢？做的时候要注意什么呢？同桌讨论，请家务小能手代表汇报。

（1）整理书架（同一类放在一起，随时整理）。

（2）扫地时，要想把边角扫干净，应怎样拿扫把呢？全体练习握扫把（低握，用于清理很脏的地方；高握，用于大范围清洁，提升清洁效率。清理不同的东西要用不同的握法，握不同的部位。小朋友力气小，一般用两只手抓握住扫把，一上一下地拿稳，让扫把头朝前方，扫把的底部与地面吻合）。现在请同学们拿出扫把试一试，并互相评价对方拿得怎样。最后请把扫把放回原位。

（3）洗小衣服（温水浸泡，然后放入洗衣粉或洗衣液翻动至均匀；将衣物浸泡15~30分钟后用手搓洗，脏的地方多搓洗几遍；搓洗结束后拧干衣物并把洗衣水倒掉，放几遍清水漂洗，直到清洗干净为止）。

（4）洗碗（加洗洁精后用抹布擦洗，洗干净后摆好放在固定位置；碗大部分是瓷的，小心别打碎；防止水漫出水池；防止衣服被弄湿；可以戴护袖、手套、围裙）。

（5）晾衣服（用衣架将衣服撑起来，整理整齐后晾晒）。

（6）叠被子（对折后角对齐，再对折）。

4.随机提问。

小猪佩奇有个问题想问大家：主动积极做家务很好，可有些家务不会做怎么办呢？

同桌互相说一说第一次干家务活的故事，讲一讲有没有遇到过什么困难，遇到做不好的家务怎么办。

不会做的学着做，可以自己尝试着想办法，也可以问家人或同伴。做家务让我们学会生活自理，锻炼我们的动手能力，让我们学会做家务的方法，增强我们的本领。勤动手勤动脑，有益于我们健康成长。

（板书：学方法）

（二）巧手学做家务

过渡：看到大家主动做家务，小猪佩奇真高兴！她给大家准备了"闯三关"家务实践进阶练习，我们一起来看看。

1. 第一关：叠上衣。

叠上衣：先请同学们将《道德与法治》课本翻到第48页，看一看课本上介绍的叠上衣的方法。谁来说一说叠上衣有什么好方法？你觉得叠上衣时要注意什么？

（方法：伸伸手 抱一抱 弯弯腰）我们一起来试一试。

（1）现在请同学们拿出上衣动手叠一叠，可以相互交流。

（2）学生动手实践，教师巡视、拍照、指导。（播放歌曲《我有一双勤劳的手》）

（3）教师巡视，找到一件叠得不够平整的衣服，教师用电子书包同步展示纠正过程。

（4）请同学们再次检查自己叠的上衣，同桌互相评价。

（5）同学们，这是一种简单的叠上衣的方法。我们还可以根据衣服的质地和放衣服的柜子大小，用不同的方法叠。但不管怎么叠，都要注意将上衣叠整齐、摆放有序。

教师总结：同学们上衣叠得都很好！全班同学都成功闯过了第一关，我们为自己点个赞。现在请同学们把叠好的上衣整齐地放进盒子里。

2. 第二关：叠裤子。

（1）先请同学们将《道德与法治》课本翻到第48页，看一看课本上介绍的叠裤子的方法。谁来说一说裤子怎么叠？（方法：排两队 变一队 弯弯腰）

（2）现在请同学们拿出裤子动手叠一叠。（播放歌曲《我有一双勤劳的手》）

（3）同学们尝试着叠裤子，并想一想叠裤子的要点是什么？（裤脚对齐、平整）还可以怎么叠？

（4）请教师展示叠裤子，电子书包同步展示。教师引导学生评价。（总结：叠裤子要平整、对齐）

（5）请同学们再次检查自己叠的裤子，拍照上传后互相看一看。（学生动手实践，教师巡视指导）

教师总结：同学们裤子叠得也很好！现在请同学们把叠好的裤子整齐地放进盒子里，可放在上衣的上面。全班同学都成功闯过了第二关，真棒！点赞。（师生齐翘大拇指）

3.第三关：系鞋带。

（1）情境设置：今天早上老师在校园里看到一个同学的鞋带松了，老师提醒他把鞋带系好，他对老师说他不会自己系鞋带。系鞋带用什么方法呢？

（2）学生看图，教师讲解系鞋带的方法。

（3）电子书包实物展台：第一只鞋学生和老师一起系，学生现场系鞋带，教师边系边讲方法——两个好朋友，交叉握握手，变个兔耳朵，交叉拉拉手。

（4）根据这样的步骤，自己试试吧！学生动手实践，第二只鞋带由学生自己系。教师巡视指导。（播放歌曲《我有一双勤劳的手》）请同学们再次检查鞋带是否系紧，并拍照上传后互相看一看。

（5）学生练习，同桌互相评价并交流系鞋带的方法。

教师总结：同学们鞋带系得很好！全班同学都成功闯过了第三关。经过刚才的学习、交流和实践，我们知道了一些做家务的方法。平时在家里我们可以经常做一些简单的家务活，练习做家务的本领。

（三）我是小帮手

1.看图讨论。

小猪佩奇现在请大家看图讨论：选一选、说一说、演一演。阅读课本第49页的内容，同桌讨论。谁来选一幅图说一说？

（1）"想做不让做"。当我们想做家务家人却不让做时，我们应该怎么做？

（试着说服家人，让自己帮忙分担简单的家务活。可以对家人说：我想学一学做家务的本领）

（2）"做得不好"。妈妈不让我帮忙洗碗，既担心我把碗打碎了，又怕我洗得不干净，怎么办？

（和妈妈交流，请妈妈教自己怎样洗才能洗干净。你准备怎么说服她？）

（3）"不想做"。做家务很累，有一个小朋友想看电视不想做家务。你想对这个小朋友说什么？如果你是这个小朋友你会怎么做呢？

（我们是家里的小主人，应主动承担家务）

小组内自主选择一幅图演一演。

2.制作记录表。

小虎同学明白要积极做家务活的道理，可是他有时会忘记做，不能坚持做，怎么办呢？

（用记录表及其他工具提醒，如备忘本、电子笔记、闹铃提醒等；请家人提醒；把这件事情放在心上）

3.注意事项。

做家务要注意什么？有些难度很大的家务活是不是必须要学着做呢？

（做力所能及的家务、和家人多交流、注意安全）

（四）我爱干家务

1.播放视频。

播放视频《我爱我家　我爱做家务》，请同学们回答：看了视频，你想说什么？

2.制订干家务活行动计划。

（1）同桌交流准备在家里干哪些家务活（发放家务活计划单）。

（2）学生制订干点家务活行动计划。

（3）交流：拍照上传。电子书包抽评。

关于做家务你还想说什么呢？自己事情自己做、和爸爸妈妈一起做、注意保持家庭环境卫生（洗碗、拖地、扫地、摆碗筷、收拾餐桌、摆椅子、擦桌子、叠衣服、择菜、整理学习用品、整理自己床铺、整理自己的小卧室等）。

3.齐读儿歌。

干点家务活

我是家里小主人，主动做点家务活。

扫地拖地倒垃圾，收拾物品洗衣服。

一双小手爱劳动，学会生活和自理。

体谅父母好孩子，我爱我家见行动。

三、全课总结

我们都是家庭的一员，在家里做点力所能及的家务活是我们的责任。做家务既可以培养我们的动手能力，使我们养成爱劳动的好习惯，也可以为家人减轻一些负担。干点家务活不仅是爱家人的表现，还会给我们带来快乐。

板书：

12.干点家务活

主动做

学方法

今天我们和小猪佩奇一起度过了愉快而充实的一节课，我们知道了在家里要主动做家务，也学习了一些做家务的方法，还懂得了做家务是爱家人的表现。

四、课后实践活动

在家里坚持做力所能及的家务，认真填写"我是家务小能手记录单"。

1.好书推荐。

《朱家故事》（河北教育出版社2009年版）；《弟子规》（人民教育出版社2013年版）。

2.推荐视频。

《阿U》系列动画第60集《家务日》；《粉红猪小妹》第48集《整理房间》。

我是家务小能手记录单

日期	家务内容	完成时间	自评	家人评价	感受
			☆ ☆ ☆ ☆ ☆	☆ ☆ ☆ ☆ ☆	
			☆ ☆ ☆ ☆ ☆	☆ ☆ ☆ ☆ ☆	
			☆ ☆ ☆ ☆ ☆	☆ ☆ ☆ ☆ ☆	
			☆ ☆ ☆ ☆ ☆	☆ ☆ ☆ ☆ ☆	

可选家务内容：1.扫地　2.拖地　3.摆碗筷　4.收拾餐桌　5.摆椅子　6.擦桌子　7.洗碗　8.洗袜子　9.洗小内衣　10.晾衣服　11.叠衣服　12.择菜洗菜　13.整理书桌　14.整理书架　15.整理床铺　16.整理小卧室等　17._____

第二节　"一四一"小学道德与法治课堂教学范式

人有德方立，国有德方兴。道德与法治教育是培养学生良好品德和法律意识的重要环节。道德与法治教育模式需要创新，需要提高趣味性和互动性，引起学生的兴趣并积极参与。为了更好地推进小学道德与法治教育，我们需要创新教育模式，使之更加符合学生的成长需求和现实社会的发展。

道德与法治课是立德树人、培养社会主义事业的合格建设者和可靠接班人的重要课程。习近平总书记曾指出：要"把立德树人作为教育的根本任务，发挥教育在培育和践行社会主义核心价值观中的重要作用，深化学校思想政治理论课改革创新，培养学生爱国情怀、社会责任感、创新精神、实践能力"[①]。2022年11月，教育部印发的《关于进一步加强新时代中小学思政课建设的意见》指出，到2025年，中小学思政课关键地位进一步强化、建设水平全面提高。思政课教师队伍专职化专业化水平明显提升，小学专职教师配备比例要达到70%以上。规范小学道德与法治课堂教学活动，创新课堂教学范式、提高教学实效非常重要，势在必行。

道德与法治课是落实立德树人根本任务的关键课程。在孩子的小学阶段要扣好道德修养和法治素养这第一粒扣子，需要规范小学阶段道德与法治课堂教学的内容和形式，提高课堂教学实效。"一四一"小学道德与法治课堂教学范式根据学科特点，在课堂上科学安排教学活动，抓住教学重点，实现教学目标。"一四一"小学道德与法治课堂教学范式通过课前活动、问题讨论和实践体验相结合的方式，使得学生在积极参与中更好地学习和理解道德与法治知识。这样的教学模式注重学生的主动性和参与性，有利于培养他们的思辨能力和实践能力，帮助他们树立正确

---

① 习近平谈治国理政：第4卷[M].北京：外文出版社，2022：339-340.

的价值观和法治观念。

一、"一四一"小学道德与法治课堂教学范式的理论基础

面对兼职教师占比大，小学道德与法治课程目标、内容和活动组织有特点、有难度，课堂教学需要规范，教学实效性亟待提高的现状，安徽省胡召霞小学道德与法治特级教师工作室、合肥市胡召霞小学道德与法治名师工作室组织工作室成员，在省市学科教研员和师范院校专业教授的指导下，经过多年的潜心思考和实践，以陶行知先生的生活教育理论作为理论基础，创新"一四一"小学道德与法治课堂教学范式。

道德与法治课程以"成长中的我"为起点，将学生不断扩大的生活和交往范围作为课堂教学活动组织的基础。在组织教学活动时注重发展学生核心素养，在提升思想政治素质、道德修养、法治素养和人格修养的过程中，坚持学科逻辑与生活逻辑相统一，主题学习与学生生活相结合。"一四一"小学道德与法治课堂教学范式根据课程目标和特点，立足核心素养，以陶行知先生的生活即教育、社会即学校、教学做合一理论作为基础，建构小学道德与法治课堂教学范式。主张将生活即教育理论贯穿于课堂教学活动之中，以社会生活及在此基础上产生的经验为中心，以社会生活为教育的素材，教学活动围绕目标，及时跟进社会发展，密切联系社会生活和学生生活实际，丰富和充实教学内容。体现社会即学校，教学的材料、方法、工具、环境都是开放性的，社会是小学道德与法治的大课堂，以社会发展和学生生活为基础，构建综合性课程。教学目标、重难点、教学方法以学生的生活为中心，选择体现社会发展要求、特别是体现中国特色社会主义对未来建设者和接班人的要求及新时代要求的素材作为教学资源。重视教学做合一，教学活动注重生活性、活动性、综合性、实践性和开放性，以学生的现实生活为中心，学以明理，学以立德，学以导行。将教学内容与生活融为一体，从现实中挖掘教学活动素材，解决实际问题，学习实际学问，培养实际好品行。

二、"一四一"小学道德与法治课堂教学范式的内涵

根据小学道德与法治课程特点，为了更好实现课程目标，围绕核心素养相关内容，根据课程性质和理念，我们创新的"一四一"小学道德与法治课堂教学范式主要内容为：前"一"指以课堂教学内容为主题开展适切的课前准备活动；"四"是指围绕教学内容和目标安排四个主体活动，即活动一、活动二、活动三、活动四；后"一"是课后实践活动环节。四个主体活动在内容上层层深入，活动一为基础部分，活动二为提高部分，活动三为辨析和巩固部分，活动四为拓展和践行部分。"一四一"整体架构承载小学道德与法治课堂教学活动内容。

1.课前准备活动"一"

小学道德与法治课堂教学的课前准备环节必不可少。在每节课前，教师根据教学内容做好充分的课前准备，有利于教学活动的有效开展，有利于调动学生积极参与课堂活动的兴趣，有利于教学目标的达成。教师根据低、中、高年级的不同，安排学生课前预习教学内容，观察、调查、了解、搜集、整理一些与教学内容有关的资料，对课前资料的搜集提出建议、进行指导；引导学生利用课内外的课程资源做好课前准备，增强课堂活动的教学效果；将课堂教学与学生的真实生活建立常态链接，通过课前活动调动多元资源，为开放、高效地组织课堂活动做好准备。

如在教学人教版《道德与法治》六年级下册第8课《科技发展　造福人类》中"科技让梦想成真"的内容时，课前让学生在线上线下搜集关于科技让航天梦想成真的信息。课前围绕教材内容一方面让学生自由、充分调查，搜集整理资料；另一方面运用腾讯会议App召开全班同学参加的课前准备专题交流会议，会上学生自由报名及分组，收集问题式学习小组合作探究活动自主发问的问题，发布议题式教学的两个核心问题

和提供自学支架。教师对课前准备活动进行指导、答疑。学生自主交流，做好课前准备，包括自主选择调查小组、搜集资料、学习调查的方法、完成调查报告等。在此过程中学生初步掌握分析问题的多元方法，提高分析和解决问题的能力。在进行课前准备的过程中，学生做好充分准备、积极参与调查；教师提前做好指导工作，为有效开展课堂教学活动做好铺垫。这样的课前准备环节关注了课堂教学的开放性，以学生为主体，延展了课堂教学活动的宽度、广度，提升了其效度。

2.课堂主体活动"四"

在"一四一"小学道德与法治课堂教学范式中，教学过程的主体部分安排了四个活动，即活动一、活动二、活动三和活动四，主要是根据教材内容分别解决"有什么""是什么""为什么""怎么办"的问题。

（1）活动一　基础活动。

活动一部分是在联系学生现实生活的基础上，整体初步了解、交流课本教学内容。根据课时、教学议题、主要内容，结合课本提供的"活动园""阅读角"等素材，先组织全班同学围绕主题，结合课前准备活动进行开放式交流。接着教师根据课本的内容设计重点问题并进行提问，随后教师对于这节课的交流主题内容进行初步小结。

如下是"科技让梦想成真"活动一。

活动一　科技放飞航天梦想（说梦）

1.全班交流：线上线下有哪些关于科技让梦想成真的信息？

2.默读课本第64～65页后思考、讨论：

（1）人类有哪些梦想？

（2）人类的飞行探索历程是怎样的？

（3）中国的航天梦实现的历程是怎样的？你还知道哪些相关的

信息？

3.同学们，你参加过哪些科普活动？有哪些收获？

（根据课本的文字、图片内容提示回答。）

小结：科技是实现梦想重要的力量，科技让人类飞行的梦想成为现实。我国的航天事业从无到有、从小到大、从弱到强，以扎实的步伐和不懈的努力，圆梦外太空。

活动一作为课堂教学活动的基础部分，主要是根据课本内容，结合学生生活实际、课前搜集的资料，全班充分交流，对于教学主要内容进行初步讨论，达到大概了解学习内容的目标。

（2）活动二　深入提高。

活动二部分针对教学内容，进一步深入交流，学生结合已有的生活经验，拓宽和深入挖掘与课本内容有关的代表性的事件、案例、情境等，结合课前搜集的资料、调查的成果，开展小组学习、自由讨论、全班汇报等活动。这个环节主要是把内容讲清楚，启发学生主动学习，使学生深入了解所学内容，厘清课本内容脉络，并与现实生活建立链接。通过学生自主探究、小组学习分析和领悟交流，让学生透彻地明白其中的道理，了解相关的道德与法治理论、真理、情感和文化，实现发展学生核心素养的目标。

如下是"科技让梦想成真"活动二。

活动二　科技助力梦想起航（筑梦）

1.问题式学习合作探究活动。

（问题驱动，自主发问，自由选择问题、分组，寻找解决问题的路径，形成调查研究报告，汇报交流。）

（1）全班同学自主探究、自由发问。

（2）结合课本第65页"中国的航天梦"的内容确定4个主要研究问题。

第1小组研究问题：我国航天领域的杰出科学家有哪些？他们主要作出了哪些贡献？

第2小组研究问题：我国有哪些航天员代表？他们主要完成什么样的工作？

第3小组研究问题：航天人经历的艰苦挑战有哪些？

第4小组研究问题：中国航天事业的发展是怎样的？取得了哪些辉煌成就？

（3）课前准备环节分组研究，课上交流汇报。

四个小组分别汇报研究问题、方法、成果、思考。

2.学生交流自己的感想。

小结：在这次的问题式学习合作探究活动中，每位同学都能积极参与，围绕项目内容自主发问、自由组合、自主选择研究问题，通过查找资料、咨询专家等多种方法开展研究，根据自己的思考形成研究报告，集体交流，这样面对问题和解决问题的方法很好。

活动二是课堂教学的提高部分，围绕教学内容开展开放式、自主式学习，充分发挥自主探究和小组合作学习的作用，引导学生更加深入地思考学习内容和问题，在学习过程中培养发现问题、研究问题和解决问题的能力。

（3）活动三　辨析与巩固。

教学与学生的生活体验融合，促进知行合一是小学道德与法治教学的重点。活动三是在全面了解主要内容、分析其中道理后进行的辨析明理、加强巩固的环节。通过开放的自主探究活动、正反辨析交流，围绕主题安排形式多样、以学生为主体的活动，通过学生喜闻乐见的情境体验、热点分析、角色扮演、模拟活动等方式，组织学生开展自主探究和合作探究，使教学目标进一步引起学生的情感共鸣，潜移默化、深入人心。

如下是"科技让梦想成真"活动三。

活动三 科技促使梦想生花（逐梦）

1.议题式教学。

（确定议题——提供支架——研究议题——提升素养）

（1）每名学生可以自主选择（二选一）议题内容，教师提供开放式的提示支架，帮助学生更充分地自主探究。

议题A：科技会促使我们的哪些梦想成真？

（芯片梦、创新梦、强军梦、航母梦、金融梦、法治梦、安居梦、生态梦、民生梦、教育梦、强国梦……）

议题B：你了解哪些为美好的中国梦实现而奋斗的人物事迹？

（英雄人物、先进人物、航天英雄、科学家、青年志愿者、奥运冠军、劳动模范、抗疫先锋、学校党员老师……）

（2）各小组自主交流调查资料，小组代表作汇报。

同学们交流完毕后，课后可以继续自主探究相关的内容。

2.动手表达梦想。

巨大的科技力量促使我们的梦想生花。现在请每位同学拿出自己准备的关于梦想的画、模型、小作文、手工、手抄报等放在课桌上，在班级范围内自主交流。大家可以自由地去看看别人的作品，问问创作者的构想、思考、用意。

3.科技与梦想的关系。

同学们，科技是认识世界、改变世界、造福人类、实现梦想的重要力量。人类如今无穷的梦想需要依靠科技来实现。

小结：个人梦、集体梦、家庭梦、民族梦、国家梦的实现都与科技的发展密不可分。一代又一代各行各业的人们在科技力量的加持下为实现梦想辛勤劳动、努力奋斗。

活动三是课堂教学的辨析与巩固部分，引导学生主动学习、积极思考，强化和巩固在前两个活动中已形成的认知，主动思考领会，辩证地理解学习，更清楚明白其中道理，心悦诚服地接受所学内容，为导行做好思想铺垫。

（4）活动四　拓展和践行。

小学道德与法治教学需要注意紧跟社会发展进程，结合国内外的大事，将党和国家的相关内容融入课堂中，联系社会生活和学生生活，注重时效性、实践性、综合性、思想性、政治性。在活动四环节，安排与课时内容相关联的拓展内容，开阔学生眼界和思维，使学生看到更大的世界。围绕主题，结合学生现实生活和学习状况，交流讨论怎样将所学落实到行动中，确定实际行动措施、内容。实现在小学道德与法治课堂上根植红色基因，为培养有志气、骨气、底气的有理想、有本领、有担当的未来社会主义建设者和接班人培根铸魂的课程目标。

如下是"科技让梦想成真"活动四。

活动四　科技成就航天梦想（圆梦）

1.观看视频。

中国航天事业发展时间轴、取得的辉煌成就，未来航天发展梦想、中华民族伟大的科技梦扬帆起航。

同学们，自古以来，我们的祖先就有一个浪漫的飞天梦，它被藏在嫦娥奔月的神话里，画在敦煌飘飞的衣裙上，写在"嫦娥孤栖与谁邻"的诗句中。浩瀚星空写满了祖先仰望苍穹的美丽幻想。古人遗憾，今天梦圆。这是伟大的中国共产党带领全国各族人民艰苦奋斗，是一代又一代中华儿女付出艰辛努力的结果。从"两弹一星"到"载人航天"，再到"北斗探月"，我们谱写了绚丽的航天华章。习近平总书记指出："探索浩瀚宇宙，发展航天事业，建设航天强国，是我们不懈追求的航天梦。"

同学们，中国科技发展日新月异，科技的发展让我们的航天梦想成真。科技的发展、航天梦想的实现需要付出辛勤的汗水和不懈的努力。

2.实现梦想见行动。

实现远大的梦想要在实践中从一点一滴做起，需要我们不断努力。同学们，关于实现梦想，你们怎么想？准备怎么做呢？请同学们在即时贴上写上"实现梦想"的关键词和自己的名字，贴到黑板上的心形图形里，并和同学们说一说你的打算。

3.全课总结。

科技推动人类社会的发展，科技让我们古老的"飞天"梦想成为现实。我们国家的科技日益强大，科技越来越发达，科学为我们插上实现梦想的翅膀，最终实现航天科技梦。人类如今无穷的梦想仍要依靠科技来实现。

一个人、一个民族、一个国家，都要拥有梦想和追求，我们伟大的中国梦就是国家富强、民族振兴、人民幸福。中国梦是国家的梦、民族的梦，也是我们每个中国人的梦。实现中华民族的伟大复兴是我们每个中华少年最伟大的梦想，科技的发展、梦想的实现需要我们每个人的不懈努力。

活动四是课堂教学的拓展和升华部分，也是践行部分。小学道德与法治教学需要将观念认识与道德品行紧密关联，在教学中引导学生知行合一，从而真正达成立足核心素养实现铸魂育人的教学目标。

3.课后实践活动"一"

课后实践活动遵循道德修养和法治素养的形成规律，进一步达成"知、情、意、行"的小学道德与法治教学目标。课后开展自主、开放的实践探究、交流体验、阅读和习作等活动，可以将课内学习和课外学习相结合，促使学生三观正、品行端，形成较强的规则意识，具有积极的社会情感。

"科技让梦想成真"的课后实践活动主要是将科技发展与实现伟大的中国梦相关联，引导学生从现实做起，从今天做起，勤奋学习，树立为伟大的社会主义事业作贡献的远大理想。推荐学生去图书馆阅读"伟大的中国梦"等相关书籍，创编关于科技与梦想的小诗，参与"梦想起航见行动"实践活动。

小学道德与法治课堂教学的实效性关系重大，课堂教学行为需要在规范的基础上追求实效。随着社会的进步、国家的发展，课堂需要更加开放和高效。作为小学道德与法治学科教师，需要不断更新教育理念和改进教学方式，不断提高课堂教学的实效性，培养学生的实践和创新能力，在每个孩子的心中根植中国基因，培养学生热爱祖国、热爱中国共产党的情感，培养担当民族复兴大任的时代新人。

三、"一四一"小学道德与法治课堂教学范式的实践

在省级课题"小学道德与法治课程与家庭教育有效整合的实践研究"的研究过程中，课题组成员积极开展课题的各项工作，在小学道德与法治课堂教学中落实"一四一"课堂教学范式。

在课题主持人胡召霞老师的指导下，课题组成员推广"一四一"课堂教学范式。例如，合肥市凤凰城小学开展了课例研讨活动。此次活动由合肥市嘉和苑小学颜利军老师执教，教学内容为人教版《道德与法治》六年级上册第7课《权力受到制约和监督》，并把"一四一"课堂教学范式落实到课堂教学中。课题组开展了线上研讨活动，对"一四一"课堂教学范式在课堂教学中的落实进行讨论，与会教师就在课堂教学中遇到的问题提出了疑惑并讨论解决。而后，课题组主持人胡召霞老师及成员颜利军老师在长丰县道德与法治教师的暑期专题培训中推广"一四一"课堂教学范式，受到参会教师的一致好评。

"一四一"课堂教学范式在具体课例中的落实，以人教版《道德与法治》六年级上册第7课《权力受到制约和监督》为例。

权力受到制约和监督（说课）

"权力行使有边界"是人教版《道德与法治》六年级上册第7课《权力受到制约和监督》中的第一课时。本单元的教学通过学习国家机构及其职权、人大代表的产生及其责任、国家机关权力制约和监督等内容，对学生进行国家意识教育。除此以外，本单元还紧扣宪法，对应宪法总纲、国家机构，对学生进行宪法意识教育。这是本单元的价值取向。为了实现上述目标，下面我将从教材分析、学情分析、教学目标、教学重难点、教法与学法、教学过程、板书设计等几个方面来进行说课，恳请大家批评指正。

1.教材分析

人教版《道德与法治》是我们刚刚采用的新教材，它更加人性化，贴近学生的实际，贴近社会，贴近生活。它充分挖掘教材资源、学生资源、社会资源，使学生的主体性得到充分发挥。而《道德与法治》六年级上册教材又被称为"法律专册"，对于学生法律意识、公民意识的培养有积极作用，教材编写具有时代性，单元设计也由浅至深，单元之间联系性较强，脉络清晰，项目合理。

本课是第三单元"我们的国家机构"的第7课《权力受到制约和监督》，教材以学生已有的知识和经验为出发点，让学生参观行政服务中心，参与小记者提问、查找资料、课堂大讨论、案例分析等活动，还安排了活动园、知识窗、相关链接等模块，通过这些环节，对学生进行正确的权力运行观念教育，培养学生国家意识。本课包括"权力行使有边界""权力运行受监督""权力违法必追责"三部分内容，分两课时教学。

第一部分内容是"权力行使有边界"，让学生了解行政机关必须在宪法和法律规定的范围内，依照法定程序行使权力，各部门各司其职、各负其责。本课的编写依据是《青少年法治教育大纲》中"小学高年级（3~6年级）教学内容与要求"第1条"建立对宪法的法律地位和权威的初步认知。了解人民代表大会制度，初步认知主要国家机构，国家主权与领土，认知国防的意义，增强民族团结意识"，第3条"了解制定规则要遵循一定的程序，进一步树立规则意识，遵循公共生活规则。初步了解合同以及合同的履行，理解诚实守信和友善的价值与意义"，第6条"初步了解司法制度，了解法院、检察院、律师的功能与作用"。

"权力行使有边界"部分的内容旨在引导学生认识国家机关权力的行使受到宪法和法律的约束，它们各司其职的目的是共同服务于人民。

课本第62页上方的正文，引导学生思考行政机关的权力来自哪里。"活动园"引导学生思考与讨论学校门口"车辆乱停乱放造成交通拥堵"和"小卖部卖过期零食不给换"两个问题涉及的生活场景，帮助学生认识不同国家机关的职能。课本意在从学生熟悉的生活事件入手，让学生了解国家行政机关权力的行使受到宪法和法律的约束。教科书第62页下方"知识窗"提出观点，行政机关应做到法定职责必须为，法无授权不可为。

课本第63页上方的正文提出观点，国家机关必须依法行使权力。"活动园"帮助学生结合日常生活，了解政府机构如何为人民服务。"相关链接"通过实例引导学生认识到不同的行政机关有各自的职权范围，在遇到问题和困难时，要去相应的部门办理或寻求帮助。

课本第64页上方的正文，让学生认识到行政机关行使权力的目的是服务人民，维护国家安定和社会秩序。"活动园"提供了"一站式"行政服务中心的图片，通过对"一站式"行政服务中心不同看法的讨论，引导学生思考"一站式"行政服务中心的作用，帮助学生认识到"一站式"行政服务中心就像一个"政务超市"。

课本第65页上方提供了"周叔叔"在"一站式"行政服务中心办理许可证的图片和事例，旨在帮助学生结合实际生活理解"一站式"行政服务中心的方便快捷，引导学生去了解身边的"一站式"行政服务中心。"相关链接"提供了"12345"公共服务系统的相关信息，并列出了"12345"政务直通车进社区和"'12345'上海市民服务热线"网站的图片，旨在帮助学生了解政府便民利民的新举措。

设计思路：本课是第三单元"我们的国家机构"的最后一课，学生在了解了国家机构、认识了人大代表的基础上，进一步认识国家机构的权力如何行使。从内容上看，第7课起着引导学生从公民个体生活走向社会公共生活，感性认识法治政府，初步培养公民意识的作用。这一课在分析国家机构权力如何行使的问题时，选择了学生相对熟悉、接触较为密切的国家权力机关的执行机关，即行政机关。从设计上看，第7课主要讲国家权力机关权力的行使受到约束、接受监督、违法追责三方面的内容，因此用"有边界""受监督""必追责"三个核心词来建构本课内容。

2.学情分析

六年级的学生通过前面内容的学习对国家机关有了相应的认识，但对于常见的一些国家机关的相应职责不是很了解甚至有些混淆。再加上学生社会阅历较浅，对政府的日常行为了解不是很多，如何在遇到问题和困难时正确寻求国家机关的帮助以及如何通过国家机关权力清单了解国家机关在行使权力的过程中受到宪法和法律的制约，对学生来说存在一定的难度。但六年级的学生已经具备了一定的搜集整理资料的能力和团队协作能力，网络资源的应用和实际生活经验的结合能够激发学生学习的兴趣。教师可以以符合六年级学生认知规律的情景、案例、微课、采访的音频、视频等材料辅助完成本课的教学任务。

3.教学目标

①了解身边国家机关的相关职责，并在遇到问题时向正确的国家机关寻求帮助。

②认识国家行政机关行使权力是受到约束的，法无授权不可为。

③通过不同的方式了解身边的国家机关及其相关职能。

④了解"一站式"行政服务中心以及其在不同区域的职能和作用。

通过课前搜集整理资料、小组讨论、案例分析等方式理解国家机关行使权力受约束，设立国家机关的目的是为人民服务；通过学习帮助学生认识国家机关的职责是由宪法和法律规定的，即法定职责必须为，法无授权不可为；通过对国家机关职责和"一站式"行政服务中心的学习，帮助学生理解国家机关为人民服务的宗旨，激发学生热爱祖国的情感，增强学生尊法守法意识，培育学生法治精神。

4.教学重难点

行政机关的权力来自哪里；行政机关要受到宪法和法律的约束，即法定职责必须为，法无授权不可为，是本课的教学重点，也是教学难点。一是因为在日常生活中行政机关与学生很少有直接关联，学生没有直接的生活体验；二是因为行政机关在生活中行使权力时的权威表现等，容易使学生产生误解。

5.教法与学法

①直观演示法：展示图片、音频、视频等，激发学生学习兴趣，营造愉悦的课堂氛围。

②情境教学法：积极创设情境，调动学生的生活经验，在学习活动中生成、提升体验。

③案例分析法：通过对具体案例的分析，引导学生深入发现问题、解决问题，培养法治精神。

④合作探究法：在探究材料的基础上，鼓励学生以自主合作的形式，多思考、多动口，培养学生的积极性、思维的创造性，以及

分析归纳和表达能力。

⑤体验法、感情交流法：结合自身生活体验并与老师、同学交流，从而主动内化为自己的情感、态度、价值观，并融入实践中，有助于实现知、行、信的合一。

另外，本课教学应多举日常生活相关案例，让学生自主学习、合作探究讨论并交流分析，在这些过程中建构知识，发展能力，在教师引导下师生互动交流、共同总结。在教学过程中采用"一四一"课堂教学范式，四个活动层层递进，让学生由生活中司空见惯的现象入手，逐步了解国家权力的行使受到宪法和法律的制约。

6.教学过程

（1）情境导入。

①播放新闻视频，寻找问题所在。

同学们，在我们的生活中有许多文明的现象，如保持公共场所的干净整洁、共享单车整齐停放在固定停放点，但也有不文明的现象。我们一起来看一看下面这段视频。（播放视频，学生认真观看）

②看了视频，你发现了什么？（请学生回答）

③同学们发现的就是一种不文明的现象，遇到这种不文明的现象我们应该怎么办？（指定学生回答）

④我们可以寻找公共交通管理部门的交警叔叔解决问题。公共交通管理部门就是我们身边的一个国家机关。生活中还有其他不文明的现象，当我们遇到问题时，都应该找哪些国家机关帮助解决呢？

（2）主体活动。

活动一　机关职能我知道

①提出问题，积极思考。

解决问题之前，我们先来了解身边的国家机关。在课前预习中，你们通过什么方式了解到哪些国家机关及相关职能？（学生自由交流）

②教师：同学们通过各种方式了解到我们身边的一些国家机关及它们的部分职能。下面，根据手中的自主学习单及你们课前了解的知识，老师来考考大家。（学生连线，教师检查）

③教师小结：这些国家机关的职能是什么，行使哪些权力，如何行使权力？它们的职能是由宪法和法律规定的。

④板书：法律规定。

活动二　遇到问题我找谁

①提出问题，积极思考。

当我们在生活中遇到问题时，应该找哪个国家机关帮助解决呢？请同学们分小组选择问题讨论并给出原因，完成课堂任务单的第二题。问题：我在校门口的小商店里买到"三无"食品，老板还不给退怎么办？我爸爸的身份证不小心丢失了，去哪里补办呢？小区门口很多车乱停乱放，给路人的行走造成不便，谁来解决呢？妈妈要带我出国旅游，应该去哪里办理护照和签证呢？我的叔叔应该去哪里咨询一年级新生入学招生的政策呢？

②小组讨论，交流汇报。

教师小结：根据宪法和法律规定，国家机关下设的各部门职能分工不同，它们各司其职，各负其责，共同服务于人民，维护国家安定和社会秩序。

③板书：各司其职。

活动三　权力行使受约束

①问题导入。最近，在校门口还发生了这样一件事情，让我们

一起来看一看。

小王趁学生放学时在校门口摆摊售卖肉夹馍和鸡蛋灌饼，学校保安劝阻无效，后与其发生冲突，并拨打110报警。辖区派出所民警到来后，先调解了他们之间的矛盾，然后没收了小王的推车和制作工具，并按照《中华人民共和国治安管理处罚条例》，作出了罚款100元的处罚决定。小王不服，上诉至人民法院。

②如果你是法官，请结合刚才我们所了解的相关国家机关的职能，说一说你对辖区派出所在这起案件中的做法有什么看法，并把你的想法在小组内说一说。

③小组讨论，汇报交流。

教师小结：辖区派出所超出职能范围行使的权力是无效的。这就是我们课本中所说的，行政机关要受到宪法和法律的约束，做到法定职责必须为，法无授权不可为。也就是说，宪法和法律规定的职责，行政机关必须履行；宪法和法律没有授予的权力，行政机关就不能行使。国家机关必须在法定范围内、依照法定程序行使权力，不能对应该履行的职责不履行、少履行或慢履行，也不能超越职责范围行使权力。

④出示课件。板书：受到约束。

活动四　便民利民为宗旨

①问题导入。为了方便为老百姓解决问题，你知道政府部门采取过哪些举措吗？

②情景再现。

a.老师今天带大家来到合肥市政务服务中心。（出示行政服务大厅的图片）你了解"一站式"行政服务中心吗？有没有亲身体验过？

b.我们来听听经营食堂的许先生对"一站式"行政服务中心的看法。（播放录音）

c.有人说"一站式"行政服务中心就像一个"政务超市"，听了许先生的话，你有什么想说的？

③小组讨论，汇报交流。

教师小结："一站式"行政服务中心提供"一站式"的服务，让大家少跑路、快办事，是便民利民的好举措。课后，同学们可以和爸爸妈妈一起去体验身边的"一站式"行政服务中心给老百姓生活带来的便利。

④板书：便民利民。

⑤拓展延伸。

a.生活中，政府部门为了更好地方便人民群众办事，除了"一站式"行政服务中心，许多地方政府还建立了"12345"公共服务系统，设置"12345"政府网站、"12345"热线电话等（介绍"12345"热线电话）。

b.现在许多国家机关也开设了微信公众号，老百姓足不出户就能得到帮助。同学们感兴趣的话可以利用课后时间了解一下。

c.通过这节课的学习，你知道了什么？

同学们，如果你们长大后成为国家机关工作人员，你们一定要合理使用手中的权力，既不能乱作为，也不能不作为。

d.如果遇到政府部门不作为的情况该怎么办？国家机关的权力行使受到哪些部门的监督？下节课我们再来一起讨论。

e.除了生活中我们熟悉的国家机关外，感兴趣的同学可以在课下自己了解一下中央级别的国家机关。

f.查找其他政府公共服务平台，了解这些平台如何服务于人民。

⑥注意事项。

a.选择学生日常生活中所能接触到的相关国家机关，不宜过于冷僻。

b.避免出现大量国家机关名称和小学生难以理解的权力范围的内容。

c.避免出现权力行使范围交叉的相关国家机关，以免造成混淆。

7.板书设计

清晰直观的板书会对学生的学习产生事半功倍的效果，帮助学生加深对新知识的理解和记忆，让课堂教学达到一个完美的效果！

板书设计：

权力行使有边界

法律规定

权力　　　各司其职　便民利民

受到约束

"一四一"课堂教学范式的推广，给广大小学道德与法治教师指明了教学方向。前"一"是指课前准备活动，即导入部分，要贴近学生生活；"四"是指在课堂上层层深入开展的四个活动，逐步落实教学目标；后"一"指课外拓展延伸，拔高课堂教学的深度。通过"一四一"课堂教学范式的推广，改变小学道德与法治课程教学过程中口头说教过多及组织活动形式主义等低效性状况，通过课程实施落实国家课改目标，帮助学生培育和践行社会主义核心价值观，为未来社会培育具有较强竞争力的建设者和接班人。培养学生的爱国主义、集体主义意识，引导学生养成良好的学习和行为习惯，加强革命传统教育和法治教育。《国家教育事业发展"十三五"规划》指出要全面落实立德树人根本任务，充分发挥品德课、思想政治理论课主渠道作用，深入挖掘课程教材的育人作用，系统推进基础课程改革和教材修订，推动中国特色社会主义理论体系进教材、进课堂、进头脑。

"一四一"课堂教学范式优化课堂结构，开展小学道德与法治课程整合主题活动、项目学习探究，在实践中改进教师的教，优化学生的学，促进教师教学方法和学生学习方式的更新，高效达成小学道德与法治课程目标，提高家校合作教育实效。

第三章　小学道德与法治的教学实践

第一节　落实核心素养教学目标

在小学道德与法治教学中，落实核心素养目标是非常重要的，它有助于学生的全面发展和提高学生综合素养。在落实核心素养目标时，教师要确立明确的教学目标：应该在教学计划中明确道德与法治教育的核心素养目标，例如培养学生的公民责任感、法治意识、社会参与能力等。教师可以设计多样化的教学活动，通过多样化的教学活动，如角色扮演、案例分析、小组讨论等，帮助学生在实践中学习和运用道德与法治知识。在教学过程中教师应注重引导学生进行反思，多鼓励学生进行反思，帮助他们从日常生活中发现道德和法治的问题，加深对核心素养目标的理解。注重培养学生的社会责任感，通过组织社区服务活动或参与公益项目，让学生亲身体验社会责任的重要性，促进核心素养的形成。引导学生参与民主决策，在课堂上可以通过民主投票、班级规则的讨论和制定等方式，培养学生的民主决策意识和合作能力。综合评价学生表现，除了学习成绩，教师还应该综合评价学生在道德与法治方面的表现，包括日常行为、参与活动等，从多个方面了解学生的发展情况。

一、在道德与法治课程中渗透劳动教育

我国著名教育家陶行知先生在《自立歌》中写道："滴自己的汗，吃

自己的饭，自己的事情自己干，靠人靠天靠祖宗，不算真好汉！"自立自强的品质深深植根于中国人的内心；依靠自己的劳动，发挥手与脑的力量，方能在社会安身乃至立足。当前社会，自立教育仍存在一些薄弱环节和问题，其在一些学校中被弱化、在家庭中被软化、在社会中被淡化，这使得部分中小学生的劳动机会减少、劳动意识缺乏，出现了一些学生不会劳动、不珍惜劳动成果的现象，也就很难谈得上自立能力的培养、自强意识的树立。比如，值日的时候，学生在旁边玩，家长在扫地、擦桌子、倒垃圾……联系道德与法治课程教学，我们会发现有很多课程旨在培养学生良好的劳动习惯与自立能力，学生劳动习惯与技能的培养离不开教师与家长的共同引导。

如人教版《道德与法治》一年级下册第11课《让我自己来整理》，这一课设计的初衷就是引导学生从小处着手，自己动手整理物品，培养学生自理、自立的能力和劳动的意识。教学这一课时，课堂上我做了一个随机调查，班级约有60%的学生的书包是家人帮忙整理的，90%的学生的值日是由家长代替的。

于是，在《让我自己来整理》课堂教学中，我特意设计了整理书包和课桌的环节，让学生观察自己的书包和课桌有哪些地方需要整理，然后比一比谁整理得又快又好。并且，请小组推选出整理小能手给大家展示整理技巧：按照书本从大到小的顺序把整理好的书本放在课桌上，然后装进书包里，最后把笔袋、水彩笔等放进书包。有了榜样的示范，学生就会知道按什么标准来整理。虽然课堂上并不是每个孩子都能很好地整理书包与课桌，但是课后通过星星奖励来鼓励和督促学生坚持整理自己在学校的物品，可以督促学生养成良好的劳动习惯，使其能够初步自立。平时，我鼓励学生积极争当班级的图书长、花长、卫生长等。学生比我预想的还要积极，大家都争着抢着要负责整理班级的某一块区域。看着没有抢到劳动任务的学生噘着小嘴，我想孩子们本质上都是爱劳动的，也有自立自强的意识，有时，恰恰是成人的过度担忧和大包大揽限制了孩子的成长。于是，在班级生活中，我尝试给孩子更多的空间和时间，让他们独立整理好自己的课桌、管理好自己每天的作业。在潜移默化中种一颗爱劳动的种子，静静地浇水、施肥。

在学习人教版《道德与法治》一年级下册第12课《干点家务活》的课后延伸时，我请同学们在家中学习整理自己的床铺、书桌、书包等。刚开始有的孩子拿不好扫把、铺不平被单、叠不好被子，在家长的悉心指导下，孩子们学得认真，进步很快，逐渐掌握了居家整理的一些小技巧，比如洗好的衣服要抻平整、扫地时扫把要先重后轻不扬尘。在学校举办的居家劳动小能手比赛中，同学们踊跃参与，展示自己铺床、叠被子、叠衣服等整理技能。他们展现的不仅是劳动技能，更是老师与家长共同教育的成果。

好习惯的培养不可一蹴而就，弘扬中华民族的优良品质更是一项长久的事业。如在教学人教版《道德与法治》二年级上册第7课《我是班级值日生》时，考虑班级学生值日实际情况，我把值日时具体分工的技能和方法作为重点来展开活动。对于七八岁的孩子来说，扫地并不是一件容易的事，握扫把的姿势、用力的方向都很重要。课堂上请优秀值日生演示，讲解自己是怎样认真做值日的，树立榜样。随后，师生当堂分配值日任务，如整理图书角、卫生角、课桌椅、讲台，擦玻璃、擦黑板等，使学生得到实际劳动锻炼，孩子们做得很细致。就这样，一节课在欢乐中结束，劳动成果很明显，孩子们享受这样的教室环境。孩子们的值日技能与做家务活息息相关，故而离不开家庭生活中劳动习惯的培养。

为此我所在班级的中队向少先队申请在全校推广了一次"扫尘日"综合实践活动。学生、家长、老师全体总动员，在活动中，家长和老师先给学生提供指导和帮助，而后学生自己动手打扫，体会劳动的辛苦。在活动中培养学生自立自强的品质，是我们的初衷，也是我们的期望。"一屋不扫，何以扫天下？"自己的事情自己做，我们的学生逐渐做到了，"扫尘日"综合实践活动反响良好。

爱会传递，信念也会传递，教师的一言一行影响着学生，父母的一举一动在潜移默化中改变孩子。我期盼在我的教学生涯里，自己也能用爱与信念去感染我的学生。通过道德与法治课程，努力在学生心中种下一颗爱劳动的种子，期望在学校、家庭、社会的耐心守护下能够生根、发芽。

二、在道德与法治课程中融入法治教育

在小学道德与法治课堂中，融入法治教育是非常重要的，可以帮助学生更深入地理解法治的概念和意义，并将其应用到实际生活中。以下是一些在道德与法治课程中融入法治教育的方法。

角色扮演，让学生扮演不同的角色，如法官、律师、警察等，通过模拟法庭或法律场景，让学生了解法律的运作和法治的重要性。

法律案例分析，引入简单易懂的法律案例，让学生分析案件的背景和相关法律条文，讨论判决的原因和合理性。

制定校规校纪，让学生参与制定班级或学校的规则，并理解遵守规则的重要性。

举办关于法律知识的竞赛，设计一些与法律相关的竞赛，如"法律常识问答"或"法治拼图"等，通过不同的活动形式增加学生对法律知识的兴趣和认知。

社区参访，组织学生参观法院、警察局等法律机构，让他们近距离了解法律机构的工作和职责。

举办社会问题讨论会，引导学生讨论一些社会问题，如交通安全、环境保护等，帮助他们认识法律在解决社会问题中的作用。

举办法律讲座或嘉宾访谈，邀请律师、警察等法律专业人士来学校举办讲座或进行访谈，分享法律知识和工作经验。

通过在道德与法治课程中融入法治教育，学生可以在轻松、愉快的氛围中学习法律知识，了解法治的重要性，同时培养积极的法治意识和

良好的法律行为习惯。教师应该注重启发学生的思维，引导他们主动参与讨论和探索，让法治教育更加生动有趣，提高学生的学习积极性。

下面以教学人教版《道德与法治》六年级上册第9课《知法守法依法维权》一课为例，说明如何在道德与法治课堂中融入法治教育。

知法守法，依法维权（说课）

1.教材分析

《知法守法，依法维权》一课共有三部分内容。本节课学习的是第二部分内容"守法不违法"，主要是培养学生的法律意识和观念，引导学生学法懂法，知法守法；能够运用法律手段依法维权；学会用法律约束和规范自己的行为，守法不违法。

2.学情分析

六年级的学生年龄较小，自我保护的意识较弱，面对生活中发生的一些侵权行为，很难进行正确判断，并进行坚决的斗争，即使斗争，也不知道怎样保护自己。因此，要通过有效的教学，帮助引导学生学习运用法律维护自身权利并自觉遵守法律。

3.教学目标与教学重难点

基于对教材、学情的分析，以及对小学道德与法治课程的理解，确定了本节课的教学目标与重难点。

教学目标：知道法律全面保护公民权利，懂得权利受到侵害时，要依法维权；学会运用合法手段，在法律允许的范围内行使和保护权利。

教学重点：懂得权利受到侵害时，要用相应法律维权。

教学难点：学会运用合法手段，在法律允许的范围内行使和保护权利。

4.教法与学法

为了实现本课的教学目标，突出重点、突破难点，以活动为教学的主要组织与实施形式，引导学生在活动中感受、体验、领悟，在活动中提出问题、解决问题，并落实到实践中；在学法上，主要采取小组合作、自主探究的方法。

5.教学过程

本节课设计了导入新课、主体活动、课后实践几个教学环节。

（1）导入新课。

教师用多媒体播放录音《我是你的好朋友》，请学生说说音频中的"我"是谁，为什么说是"我们"的好朋友？与学生聊一聊什么是未成年人，说一说我国未成年人保护相关规定以及未成年人占我国人口数量的比例。而后引入依法维权的话题，由此导入新课，并书写板书课题：守法不违法。

（设计意图：激发学生的学习兴趣，引出本节课要学习的内容，为接下来的学习作好铺垫。）

（2）主体活动。

活动一　我们要守法

①讨论：你知道哪些"知法犯法"的事例吗？

②小提示：守法不违法。

③活动园：《悔恨的泪水》。

过渡语：校园中，同学们一起度过了许多难忘的愉快时光，但是也有一些不和谐的现象。

活动二　校园生活大观察

①你是否见到过一些校园欺凌的现象？或者你是否在电视、网

络上了解到一些校园欺凌的事件？

②对于校园欺凌，你是如何看待的？如果遇见校园欺凌，我们应该怎么做？

③阅读课本第87页"活动园"部分内容，读王然的故事，并回答问题。

活动三　向校园欺凌说"不"

①视频：面对校园欺凌，我们应该怎么做？

②面对校园欺凌，我们可以向有关机关请求追究行为人的法律责任。

③校园欺凌调查报告：你认为这些说法合理吗？

④校园严重欺凌行为对应的刑法罪名。

⑤小提示：任何原因都不能成为实施校园欺凌的理由，严重的校园欺凌行为还会触犯法律。学生阅读课本第90页，与文本对话，了解未成年人维权的途径。然后，小组合作讨论放学回家路上被抢、被打的陈某应该采取怎样的应对措施，在全班汇报交流。教师引导监督。板书：未成年人依法维权的途径。

（设计意图：引导学生在自身权利受到侵害时，主动、积极寻求专业人员和有关部门的帮助。）

面对校园欺凌我们应该勇敢地说"不"。我们既要学会保护自己不被欺凌，又要要求自己不欺凌他人。

知识拓展：国家防治校园欺凌的举措。

活动四　打倒"大恶狼"

①活动园：区分正常的身体接触和不当的身体接触。

②小提示：在和他人接触时，应当注意自己的身体隐私部位不能被人随意触碰。

③知识窗：性侵未成年人是非常严重的犯罪。

（3）课后实践。

调查身边有没有校园欺凌的情况，并写出相关情况的调查报告、自己的观点以及应对办法。

6.板书设计

为了突出重点，让学生从整体上感知本节课的主要内容，以思维导图的形式设计板书：

守法不违法

未成年人依法维权的途径

运用法律，遵守法律

第二节　提高课堂教学有效性

一、提高小学道德与法治课堂教学有效性的方法

小学道德与法治根据小学生认识了解社会和品德形成的需要，以学生的社会、生活为主线，将品德、行为规范和法治教育，爱国主义、集体主义和社会主义教育，国情、历史和文化教育，地理和环境教育等有机融合，引导学生不断丰富和发展自己的经验、情感、能力、知识，加深对自我、对他人、对社会的认识和理解，在此基础上养成良好的行为习惯，形成基本的道德观、价值观和初步的道德判断能力。下面是在小学道德与法治教学中提高课堂教学有效性的几点做法。

1.课前准备要充分

小学道德与法治的课程资源并不局限于教材，要想使学生广泛地接触和了解社会，教师必须充分开发、利用校内外的各种课程资源，以促

进课程目标的实现。教学中教师要注重开发多样化的课程资源，图书、影视、网络、博物馆等资源在小学道德与法治课程中具有重要的应用价值。在课堂活动前，教师应布置相关作业，让学生运用身边的资源去调查、搜集、获取自己所需的材料和信息。教师应创造条件让学生积极参与社会活动，体验社会生活，在理解和感悟中受到教育，获得经验，逐步提高认识社会、参与社会、适应社会的能力。教学活动的课前准备要非常充分，尽可能把课堂上可能出现的情况预设好，课堂教学才会有的放矢、游刃有余。

2. 课堂自主活动要充分深入

（1）讲一讲。

小学道德与法治教学在师生、生生互动过程中实现学生知、情、意、行教育目标。活动中学生讲、老师讲，同桌互相讲、小组内讲，学生有准备地讲、临场发挥讲等。在小学低段《道德与法治》教学中，课堂上教师多用讲故事的方式进行教学。小学生年龄小，好奇心强，喜欢听故事。教师根据教学内容，课前做好准备，通过生动有趣的童话故事、身边的小故事等激发学生的道德情感，使学生从故事中明白事理，提高认识，坚定信念。如人教版《道德与法治》二年级下册第2课《学做"快乐鸟"》教学导入部分，教师通过讲创编故事"快乐林里的快乐鸟"把学生带入童话的世界里，让学生感知到快乐的重要性，引导学生像"快乐鸟"一样积极面对学习和生活中的困难，唤起学生热爱生活、乐观向上的积极情感。

（2）画一画。

教师根据教学内容和教学目标的需要，在教学活动中通过画一画激发、深化学生的积极道德情感。教师可以安排学生在课前准备活动时画，在课堂上展示；也可以在教学过程中在黑板或白板上用简笔画演绎。常用的教学方法是在教学活动中创设与教学内容相适应的情景，使学生情绪受到感染，然后让学生根据自己的感受画一画。比如在组织"我们的祖国多辽阔"活动时，教师搜索到一幅全国政区图，让学生看图听描述后自由画一画。有的学生画的是中国科技发展的变化，有的学生画的是人们幸福生活的画面，还有的学生画的是祖国的大好河山……画一画活动唤起了学生们内心深处对祖国的亲近感，升华了他们热爱祖国的情感，激发了他们好好学习将来为社会作贡献的强烈愿望。

（3）唱一唱。

小学道德与法治课堂教学过程中恰当地引入音乐，把小学道德与法治教学与音乐恰当地联系起来，进行课程间的整合，能充分激发学生的学习积极性。比如组织"我的家乡在哪里"活动时，让学生唱歌颂家乡的歌曲，使学生明白家乡养育了自己，要热爱自己的家乡。有学生演唱了家乡安徽的庐剧、黄梅戏，有板有眼，举手投足都有一股行家风范。在唱一唱的活动中学生从多个层面了解家乡，加深了学生热爱家乡的情感。

（4）猜一猜。

丰富多彩的活动是小学道德与法治课的主要内容。为了营造宽松、愉快的学习气氛，教师可在活动之初准备一些谜语，如组织"通信与生活"活动时，教师可以准备的谜语是"方方正正两个盒，小老鼠在旁边卧。每天摸摸又点点，大千世界尽知晓""不会说话会计算，不会想来却有脑；少了电源就睡觉，没有鼠标受不了"等。在猜谜语的过程中，教学活动更具趣味性，学生很喜欢这种形式的活动，这对于提高道德与法治教学的实效性很有帮助。

（5）做一做。

小学生的品德形成和社会性发展，是在各种活动中通过自身与外界的相互作用来实现的。在组织"家乡情"活动时，教师在学校劳技室里组织学生动手学做家乡菜"糯米圆子"、拟写家乡景点的解说词，并利用活动课时间在校园里设点宣传、模拟当一回小导游等。通过做一做来让学生进一步了解乡的饮食文化、风景名胜等，培养他们热爱家乡的情感。

小学品德课堂上体验、探究、讨论等各种活动的深入开展有利于提高教学活动的有效性。如在组织"交通与生活"活动时，引导学生探讨"交通问题带来的思考"，很多学生只是把发现的交通问题提出来，对于"汽车尾气怎么污染环境""大量能源的消耗会带来怎样的危害"等问题并不理解。教师应引导学生深入调查数据、搜集相关资料，了解问题存在的严重性，从而共同探讨解决问题的办法，激发学生的创新意识、探索精神。

3.表彰激励要及时得当

课堂教学活动可采用多主体、开放性的评价方式，师生共同参与。首先，教师从态度上评价，肯定学生的积极参与精神；其次，从活动的成果上进行评价，帮助学生逐步养成尊重、理解、欣赏他人的态度，相互促进；最后，对于优秀的学生作品，在班级里及时进行展示并给予表彰，让学生感受到荣誉和肯定，从而激发其继续努力的动力。

二、基于活动型课程的道德与法治课教学实践

人教版《道德与法治》一年级下册第三单元以"我爱我家"为主题，依据《义务教育道德与法治课程标准（2022年版）》中"负责任、有爱心地生活"中的第二条"爱父母长辈，体贴家人，主动分担力所能及的家务劳动"分设了四课内容，包括第9课《我和我的家》、第10课《家人的爱》、第11课《让我自己来整理》、第12课《干点家务活》。单元内容是递进的逻辑关系，从了解自己生命的来历开始，进而了解自己与家人间的血缘关系，以及家庭的结构，最后落实到对家庭的爱和责任。家庭是学生的基本生活空间，也是学生道德与法治意识培养的源头。本单元引导学生懂得自己与父母血脉相依，初步懂得家的构成，感受家的温暖，学着不给家人添麻烦，学习主动承担力所能及的家务，学会主动地表达对家人的爱，使学生逐步成长为温馨家庭生活的自觉建构者。以《我和我的家》为主题，开展基于活动型课程的道德与法治课教学课例如下。

我和我的家

（一）教材分析

1.《义务教育道德与法治课程标准（2022年版）》和《青少年法治教育大纲》对应目标内容

①《义务教育道德与法治课程标准（2022年版）》："负责任、有爱心地生活"中的第二条"爱父母长辈，体贴家人，主动分担力所能及的家务劳动"。

②《青少年法治教育大纲》：初步建立对家庭关系的法律认识。

2.《中国学生发展核心素养》主要对应内容

①珍爱生命：理解生命意义和人生价值。

②健全人格：具有积极的心理品质，自信自爱。

③社会责任：孝亲敬长，有感恩之心。

3.教材体系位置及纵向、横向联系

人教版小学《道德与法治》教材体系中，与家庭主题相关内容在不同学段重复出现，如《道德与法治》一年级下册第三单元"我爱我家"第9课《我和我的家》、第10课《家人的爱》，《道德与法治》三年级上册第四单元"家是最温暖的地方"第10课《父母多爱我》等，在低中高年级段各有一个单元关于亲情主题的内容，教学要求随年级增加而不断提高，呈螺旋上升的趋势。关于家庭、亲情、温暖等在一年级的其他学科中也有相关的内容。

在《道德与法治》一年级下册的教材中，"我爱我家"这个单元突出的是一个"爱"字，教学活动引导学生体验对于家庭的基本情感，让学生用自己的方式爱长辈，初步建立对家庭关系的法律认识。

4.教学主体内容

人教版《道德与法治》一年级下册教材的主题是"适应新生活，养成好习惯"，第三单元是以亲情为主题的、内容成递进关系的四课：第9课《我和我的家》、第10课《家人的爱》、第11课《让我自己来整理》、第12课《干点家务活》。本节课教学内容是该单元第一课《我和我的家》，从了解自己生命的来历开始，通过"家族树"了解自己与家人间的血缘关系，感受自己与家人血脉相连的深厚情感。教材编写关注学生的生活经验，以活动的形式展开教学，便于学生体验、交流。

这节课侧重对学生进行家庭关系的启蒙，让他们了解自己与家人的伦常关系，这对其作为家庭的一员是非常必要的。引导学生初步了解家族成员的关系，初步建立对家庭关系的法律认识，感受家的温暖，萌生爱自己的父母长辈的意识。教学时关注学生的生活经验，以活动的形式展开教学，便于学生体验、交流。

（二）学情分析

一年级的学生对自己的家庭还是相当熟悉的，对父母也是很有感情的，这为课堂教学奠定了良好的基础。但是挑战还是存在的：不少学生不太了解自己是怎么来到这个世界上的，对自己的出生及是否受家人欢迎和被接纳很少关注；很多学生不了解传统的中国家庭的伦常关系，对血脉相连的情感体会不足。在这一课的教学中，要根据学生的实际学情把握教学的重难点，设计相应的有针对性的课堂活动。

（三）教学目标

①了解自己与父母血脉相连，感受家的温暖，初步形成对家庭

关系的法律认识。

②能够自己的事情自己做，养成整洁的好习惯。通过讲述家庭生活中的亲情故事，培养语言表达能力和组织语言能力。

③通过访问，初步感知"家"的含义，知道家庭成员的构成及家庭成员间的称呼、关系。

（四）教学重难点

①了解自己与家人之间的血脉联系，能正确地称呼家人。

②感受自己与家人的深厚情感，爱自己的父母长辈。

（五）教学活动核心

了解自己与父母的血缘亲情，感受家的温暖，初步了解家族成员关系和构成。

（六）教学方法

情境教学法、小组交流法、合作探究法等。

（七）教学准备

课前搜集相关资料，准备课件、即时贴等。

（八）教学过程

1.激趣导入

①猜一猜：电子书包抽答。

②板书课题：9.我和我的家。

2.主体活动

（1）活动一　我和我的家

①全班交流，邻座交流。

②小组合作学习：我来到我家。

③观看视频"我来到我家"，听一听、猜一猜、看一看、议一议。

④小组交流讨论。

⑤小组代表发言。

⑥板书：血缘亲情。

（2）活动二　快乐大家族

①播放动画歌曲《家族歌》：电子书包屏幕广播推送到学生机，全班学生跟唱。

②填写家族成员名片卡，向同桌介绍自己的家人，并完成"家族树"（妈妈家族粉色，爸爸家族黄色）。

③合作探究：我家的家族树。组内交流课前在课本上填写的家族树，说说家族成员间的关系。各个家族的组成不同，请大家根据自己家庭的情况组内进行交流。学生拍照上传，对比交流。

④做游戏，说故事。

⑤小结：家庭成员都会互相关心、帮助，这就是有着血缘亲情关系的一家人。大家快乐地生活在这个幸福、温暖的大家庭中。

⑥板书：温暖幸福。

（3）活动三　趣味游戏组合

①学生进行情景剧表演：我和妹妹。

②做题闯关我能行：完成电子书包选择题——家族关系我知道。

◆选择题：

爸爸的爸爸叫什么？（爷爷、外公）

妈妈的妈妈叫什么？（奶奶、外婆）

爸爸的哥哥叫什么？（伯伯、叔叔）

妈妈的弟弟叫什么？（叔叔、舅舅）

◆判断题：

奶奶是爸爸的妈妈。（对）

姑姑是妈妈的姐妹。（错，姑姑是爸爸的姐妹）

爸爸的弟弟叫叔叔。（对）

③小结：报告反馈评价——同学们完成得很好！

（4）活动四　亲亲一家人

①品读一首关于家的小诗。

②交流家庭生活感受。

3.全课总结

①学生电子书包推送爱家的相关诗句，学生诵读。（屏幕广播推送）

◆举头望明月，低头思故乡。——李白

◆独在异乡为异客，每逢佳节倍思亲。——王维

◆春风又绿江南岸，明月何时照我还。——王安石

◆但愿人长久，千里共婵娟。——苏轼

②学习歌曲：《让爱住我家》。

4.课后实践活动

①用语言、行动表达自己作为家族成员的感受。在导学单上完成自评、家长评价。

②学生好书推荐：《弟子规》（人民教育出版社2013年版）、《小威向前冲》（贵州人民出版社2008年版）。

（九）板书设计

9.我和我的家

血缘亲情

温暖幸福

（十）教学反思

本次教学以《我和我的家》为主题，重点介绍了家庭的组成、家庭成员之间的关系。整个教学过程旨在让学生感受家的温馨，树立对于家庭的正确认知，培养良好的家庭美德和家庭意识。

本次教学中，采用了一些趣味和互动的教学方法，如播放视频、开展游戏活动等，以此调动学生的学习兴趣，提高学生的学习积极性。同时，在教学过程中，注重启发学生思考，通过班级讨论等方式，让学生自主学习、探索，以此培养他们的自主学习能力。不过，也存在一些需要反思和改进的地方。首先，本次教学的时间安排较紧，有些内容讲解略显简略，需要完善；其次，在课堂授课过程中发现有些学生听课的注意力不够集中，需要更换更生动、有趣的教学资源；最后，需要加强课后作业和反馈，以此加强对学生的评估，让学生巩固知识点。

针对上述问题，将继续通过多元化的教学方法，充分准备和精心安排，帮助学生更好地了解和掌握相关内容，让他们每一堂课都有收获和进步。

第四章　小学道德与法治课程核心素养的评价

第一节　评价原则、内容与方法

一、评价原则

评价是检验、提升教学质量的重要方式和手段。要充分发挥评价的诊断、激励和改善功能，促进学生发展和改进教师教学。在评价小学道德与法治课程核心素养时，应该遵循以下原则。

第一，多元评价。综合运用多种评价方式，包括学科知识测试、项目作业、实践活动、表现评估等，全面了解学生的道德与法治素养。

第二，及时性评价。及时进行评价和反馈，让学生了解自己的优点和不足，及时调整学习策略和行为。

第三，公平公正评价。评价应该公平公正，不偏袒任何学生，照顾学生的个体差异，注重学生的个人发展。

第四，目标导向。评价应该与核心素养目标相匹配，重点评估学生在提升公民责任感、法治意识、道德修养等方面的表现。

第五，自我评价。鼓励学生进行自我评价，让他们主动反思自己的学习和行为，形成自主学习的习惯。

第六，综合评估。将学生的学业成绩与道德行为、社会责任等方面的表现结合起来，进行综合评估，形成较为全面的评价结果。

第七，基于实际情况评价。评价应该基于学生的实际情况，考虑不同年龄段、学科特点和社会环境的影响。

小学道德与法治课程核心素养的评价是一个综合性的过程，需要综合考虑学生的各方面表现和发展情况。中肯的即时性课堂评价语可以激发学生学习兴趣，教师从学习习惯、学习态度、合作能力、创新能力等方面，多维度对学生进行科学恰当的评价，有利于发挥学生的主体作用，使学生养成良好的道德品质和行为习惯，促进学生发展。评价结果应该为学生提供积极的反馈和指导，帮助他们不断改进和进步。同时，评价结果也应该为学校和教师提供改进教学的参考，推动课程和教学的不断优化。

二、评价内容与方法

小学道德与法治课程核心素养的评价主要是指对学生核心素养综合发展状况进行评价，兼顾学生学习态度、参与学习活动的程度和对课程内容的理解应用水平。着重评价学生在日常生活与学习中表现出的思想政治素养、道德品行、法治观念，以及在真实情境与任务中运用所学知识分析问题、解决问题时所表现出的核心素养发展综合水平。评价的内容涉及价值观念、学习态度、过程表现、学业成就等多方面，贯穿道德与法治课程学习的全过程和教学的各个环节，发挥着以评促教、以评促学、以评育人的功能。

在评价时应坚持素养导向，围绕课程目标，依据内容要求、学业要求和学业质量标准，进行全面、综合的评价，注重从学生的理想信念、爱国情怀、担当精神、品行修养、法治观念、日常品行表现等方面加以考查，引导学生践行社会主义核心价值观，弘扬社会主义先进文化、革命文化和中华优秀传统文化。坚持以评促学，关注学生真实发生的进步，捕捉、欣赏、尊重学生有创意的、独特的表现，并予以鼓励，不断加深学生的知行体验，引导学生发现自己的潜能，合理运用评价结果改进学生学习，使其达到知行合一。重视表现性评价，围绕学生道德与法治课程学习实践性、体验性等特点，注重观察并记录学生在学习、实践、创作等活动中的典型行为和态度特征，运用成果展示、观点交流等方式，对学生的学习情况进行质性分析，同时兼顾其他评价方式的应用，注重引导学生对自己的学习历程进行写实记录，丰富评价内容，提高评价的全面性、准确性和实效性。

多维度中肯的激励性评价语，对于提高小学生参与道德与法治课堂活动的兴趣、激发积极思维、发挥主体作用、提高教学实效是非常重要的。《义务教育品德与社会课程标准（2011年版）》指出，本课程评价的目的是提高教学实效性，要采用多元评价方式激励学生，对学生在学习过程中各方面表现进行综合性评价，主要包括学习态度、能力和方法、学习结果等。评价要真实、可信、公正、客观，要注重知行统一。我们在教学时，要结合课堂实况、学情，有策略地从多层次、多角度、多方位进行中肯、科学有效的评价，避免仅凭分数判断学生水平的传统单一评价方法。

1.即时性的中肯评价，引发学生情感共鸣

新课改倡导激励性评价，教师在道德与法治课堂教学中运用即时性评价鼓励学生时，要把握好"度"，要注意评价恰如其分、保持中肯性。夸大其词的表扬会给学生虚假的感觉，长此以往可能会导致学生"知"与"行"不统一。道德与法治教学应多关注学生的真实体验，只有通过获得真实的情感体验与共鸣而产生的道德情感，才能形成道德认知并转化为外显行为。

例如，在教学人教版《道德与法治》三年级下册第7课《请到我的家乡来》时，有个学生课前搜集了家乡的著名景点、名人、传说和历史故事等方面的信息，在汇报时照本宣读从网上下载的冗长的关于家乡景点的文字介绍，其他学生听得便没有什么兴趣了，但老师却大加赞扬，

说："你的汇报太精彩了，你真棒！"说着老师还让全班同学都竖起大拇指表扬这个学生。接着是"唱家乡"活动，有位学生主动站起来唱家乡安徽的黄梅戏，但这个同学不擅长演唱，还有些跑调，老师又夸张地表扬："她唱得真好！让我们大家一起为她鼓掌！将来她一定能成为一个歌唱家的！"学生们没什么反应，课堂气氛冷淡。该教师本意是想运用激励性评价鼓励学生，但从实际的效果看，这样的评价语夸大事实，一方面使被评价的同学感到不好意思，另一方面其他同学也会觉得老师说得夸张、不真实。笔者认为，该教师可以调整即时性评价语，对于照本宣读的学生说："你们组课前搜集了大量的资料，这种认真做好课前准备的态度值得学习。如果今后能把搜集到的资料进行整理归类，摘录出重要信息进行简明扼要地汇报，就既能节省时间又能提高你们搜集整理资料的能力！"对于主动唱家乡戏曲的同学说："你勇于在公开场合表现自己，实力可嘉！参与课堂活动的积极性很高，值得称赞！"入情入理、切合实际中肯的评价，积极的情感体验可让学生更多感受到参与课堂活动的乐趣。

2.多维度的激励评价，发挥学生主体作用

教师对学生学习习惯、学习态度、小组合作过程和效果、创新精神和实践能力等方面进行激励点评，适时反馈、调控，形成和谐的课堂情感氛围，可更好地引发学生的情感共鸣和心理认同，提高道德与法治课堂教学的有效性。

（1）学习习惯和学习态度评价。

著名教育家叶圣陶说过："教育是什么？往简单方面说，只需一句话，就是要养成良好的习惯。"[1]对学习习惯和学习态度的积极性评价有利于促使学生认真听讲、以积极主动的状态参与课堂活动，从而自然养成良好的学习习惯和学习态度。

---

[1] 朱永新.叶圣陶教育名篇选[M].北京:人民教育出版社,2021:58.

例如，在教学人教版《道德与法治》二年级下册第2课《学做"快乐鸟"》中的"消除烦恼"环节时，学生交流自己的烦心事及消除办法，老师说："你的发言很完整，表达得很清楚，在自己不开心的时候听听音乐是个不错的缓解办法！如果当众发言时声音再响亮些就更好了！不信你试一试！"老师用温柔的话语引导学生在公开场合大胆表达，增长孩子积极向上的信心和动力。教学"分享快乐"环节时老师这样评价其中一位同学的分享："这位同学向我们分享了他游玩时的快乐，很好！他刚才听课非常认真！善于倾听是个好习惯，这会使我们越来越聪明！"老师在不经意间正面引导学生养成认真倾听的好习惯。在教学"揭秘快乐锦囊"环节时，老师在邀请学生组成快乐游戏组合时便把坐得最端正的学生邀请上讲台，说："他刚才上课听课很专注，我们请他来参加。"让学生写快乐游戏计划时，老师在各小组间边巡视边表扬其中一位坐姿端正、书写认真的同学："这位同学的坐姿非常端正，写字时右手握笔背挺直，眼离书本约一尺，手离笔尖约一寸，胸离桌子约一拳，'三个一'都做到了。"这也提醒了其他学生养成正确的坐姿及握笔方式。长此以往，教师通过激励性的评价语从细微处入手，培养学生良好的学习习惯和学习态度，潜移默化、润物无声。

（2）小组合作过程和效果评价。

小组合作探究是道德与法治课堂教学中常用的一种学习方式，科学合理的激励性评价是提高小组合作学习有效性的重要手段。教师对于学生小组合作探究活动的过程和效果作适时跟进评价，有利于调动全班学生参与小组学习活动的积极性，培养学生合作交流能力和民主意识。

例如，在教学人教版《道德与法治》五年级下册第7课《不甘屈辱奋勇抗争》时，教师要求学生分组合作，总结近代中国遭受的侵略和凌辱。教师一边到各小组巡视了解学生课前资料的搜集情况，一边对小组合作氛围作出评价："第三小组讨论得非常热烈，不仅每个组员都参与了讨论交流，而且进行了分工合作。有记录人员、报告人员、观察人员、提问人员、解释说明人员、总结人员，还有噪声控制人员提醒同学讨论的声音不要太大，以免影响其他人。大家各尽其责，非常好！"并引导其他各组向第三小组学习。当第一小组代表展示结束，教师边总结边对其展示进行评价："这个同学课前从破碎的山河、被掠夺的国宝、日本屠刀下受苦受难的中国人民三个方面，搜集了中国近代遭受列强侵略的文字和图片资料，这让小组合作探究活动更精彩。"教师切合实际的激励性评价，使各组成员参与小组活动时态度端正、信心倍增，充满成就感。学生对调查访问搜集的资料和作品进行展示交流，师生共同评析了小组合作的成果，教师乘势激发学生不忘国耻、努力学习、振兴中华的情感。在小组合作中教师注重对学生合作、总结汇报的内容进行多元综合性评价，肯定学生主动参与团队学习活动，相互帮助共同进步，重点对学生的展示成果进行积极性评价，倡导学生不断提高小组合作学习的实效。重视运用多方位多目标适时性评价，提高小组合作学习效率，培养学生小组合作学习能力和开放性思维。

（3）创新精神和实践能力评价。

培养学生良好的创新精神和实践能力需贯穿教学活动始终，这就要求教师应注意对学生在课堂上的闪光点进行激励性评价。如在教学人教版《道德与法治》六年级下册第4课《地球——我们的家园》时，学生回答了人类早期探索地球的方法，教师这样评价："关于人类对地球的早期探索，你的回答与众不同！用时间轴汇报直观易懂，赞一个！"对于学生设想进一步探索地球的方法时，教师是这样评价的："你有勇于创新的意识，这个问题值得我们去思考和探讨。"对于学生提出的不同意见，教师这样评价："对于事物的发现采用辩证的态度，试着从不同角度、不同方面去观察思考，这有利于我们接近真理，了解真相。"教师通过简要精练的评价语，对学生的创新精神和实践能力进行了积极性评价。

3.多层次的差异评价，发展学生个性特长

道德与法治课程评价的目的在于促进学生发展，提高教学有效性，保证课程目标的实现。教师在教学中要对全体学生进行多层次差异性评价，保护学生的差异性思维。在评价范围方面，可以面向全班同学进行集体评价，可以面对小组进行团队合作评价，也可以面向个人进行指导激励性评价。在表达方面，可以是口头语言评价；也可以是体态语评价，比如竖起大拇指表示赞扬，与学生击掌表示祝贺，摸摸学生的头表示肯定等。

课堂教学中切实中肯、多维度的、面向全体学生的即时性评价，有利于培养学生良好的学习态度，提高学生观察、探究、思考、表达、搜集、整理和分析的能力，使学生在道德与法治课堂中体验快乐、建立信心、愉快学习。在评价时要综合运用观察、访谈、作业、纸笔测试等方法全面获取和掌握学生核心素养发展的相关信息，加强纸笔测试与观察、谈话等方式的结合，关注不同情境中学生日常品行表现，避免传统单一评价方式，并且根据评价情况及时分析原因，促进教学方式的优化。

第二节　评价的注意事项

一、发挥评价的积极作用

小学道德与法治课程评价在学生、教师、学校和家长之间起着桥梁的作用，一方面能激发学生学习动力，促进学生全面成长；另一方面能帮助教师和家长更好地了解学生的发展情况，提高教学质量，推动学校教育的全面发展。小学道德与法治课程评价具体有以下积极作用。

第一，激发学生学习动力。通过及时的评价和反馈，学生能够知晓自己的学习结果，不仅能够及时调整自己的学习状态，而且能够提高学

习的热情，激发进一步学习的动力。

第二，促进学生全面发展。评价不仅关注学生的学业成绩，还注重学生的道德品质、社会责任感等核心素养，能鼓励学生主动反思自己的学习和行为，意识到自己的优势和不足，从而更加积极地投入学习，并在学习中不断改进。

第三，为个性化教学提供依据。评价可以帮助教师了解学生的学习情况，包括知识掌握程度、道德行为表现、社会责任感等。

第四，优化教学方法和内容。评价不仅是对学生的评价，也是对教师教学的反馈。通过评价结果反馈，教师可以了解自己教学的优势和不足，及时调整教学方法和内容，提高教学质量。

第五，鼓励教师和学校改进。评价结果可以为学校和教师提供改进教学的依据和参考，推动课程和教学的不断优化。

第六，建立评估体系。评价可以帮助学校建立完善的评估体系，形成科学有效的评价方法，为课程改革和发展提供支持。

第七，促进家校合作。评价结果与家长共享，可以帮助家长了解孩子在道德与法治方面的表现和进步，促进家校合作，共同关注学生的全面发展。

通过充分发挥小学道德与法治评价的积极作用，可以有效促进学生的全面发展，提高教学质量，培养有品德、有责任感的公民。评价不仅仅是检验学习成果，更是学生和教师不断进步的动力。

二、评价要关注学段特点

小学阶段学生的认知、行为和发展在不同年纪都有其独特之处。因此，评价应该根据小学生的学段特点进行针对性的设计，以更好地反映学生的学习情况和发展水平。

小学道德与法治课程评价在不同年级有着不同的特点和侧重点。对于一年级和二年级的学生，注重基础知识的掌握和情感培养；对于三年级和四年级的学生，强调社会责任感和道德决策能力的培养；对于五年级和六年级的学生，要培养其理论与实践结合能力，增强其法治观念和独立思考能力。评价的设计应该根据学生的认知水平和发展特点而有所调整，以促进他们的全面发展和素质提升。

一年级和二年级学生的认知能力还较弱，评价应该侧重于他们对基础道德概念和法治知识的掌握情况，如尊重他人、守规矩等；注重情感培养，小学生在情感方面较为敏感，评价应该关注学生的情感表现，鼓励他们养成积极向上的道德情感和品质；引导行为规范，评价可以关注学生的行为表现，引导他们遵守学校和班级的规则，培养自律和积极向上的行为习惯。

三年级和四年级学生开始逐渐形成自我意识，评价应该更注重培养他们的自主学习能力和道德自觉意识；培养社会责任感，评价可以关注学生在社区活动和班级活动中表现出的社会责任感和合作精神；引导道德决策，三年级和四年级学生逐渐具备道德决策能力，评价可以关注学生在冲突和困境中的道德选择。

五年级和六年级学生认知能力较强，评价应该加强理论与实践结合，关注学生在实际生活中的道德行为和社会参与；培养法治观念，评价可以关注学生在法治实践中的表现，引导学生了解法律的作用和意义，形成正确的法治观念；引导独立思考，评价可以关注学生的独立思考能力和判断力，引导他们在道德与法治问题上作出理性的判断。

小学生的道德与法治素养不仅体现为学习成绩，更重要的是在道德品质、社会责任感、合作能力等方面的表现。因此，评价要综合考虑学生的各方面表现。第一，强调基础知识与道德修养。小学生的认知能力和理解能力有限，评价应该注重基础知识的掌握和道德修养的培养，而不是过分强调复杂的法律概念。第二，鼓励自主学习和实践。小学生的学习主体性较强，评价应该鼓励他们自主学习和实践，通过实际体验和参与社区活动，提升道德与法治意识。第三，适度引进竞争与合作。小学阶段可以适度引入竞争元素，激发学生的学习兴趣和提升其学习动力，但也要注重培养学生的合作意识和团队精神。第四，以情景评估为主。小学生对抽象概念的理解能力较弱，评价时可以采用情景评估，让学生在具体情境中展现道德品质和法治意识。第五，重视学生进步。小学阶段对学生而言较为关键，评价应该注重学生的进步和努力，鼓励他们不断改进和进步。第六，着眼于生活实践。小学生的学习与生活密切相关，评价应该关注学生在日常生活中的道德行为和法治意识，通过生活实践来评估学生的综合素养。

结合学段特点，评价可以更贴近小学生的学习和发展需求，促进学生的全面发展。同时，评价也可以激发学生的学习兴趣和积极性，推动小学道德与法治课程的有效实施。

第三节 "二面三位四体"道德与法治核心素养评价制度

组织实施小学生道德与法治核心素养评价具有十分重要的意义，可以促进学生全面发展、健康成长；可以检验教师的素质教育工作成效，推进教师不断调整教育教学策略、改进工作；也可以帮助学校建立更加完善的评估体系，更加深入实施新课程改革，加快发展的速度，满足社会未来人才的需要。

我国《基础教育课程改革实施纲要（试行）》明确指出，要"发挥评价促进学生发展、教师提高和改进教学实践的功能"。小学生道德与法治核心素养评价主要包括基础性发展目标评价和学科学习目标评价，通常采用形成性评价和总结性评价两种方式。建立、组织和实施科学的小学生道德与法治核心素养评价制度、细则和办法具有十分重要的意义。

随着社会的发展，家长越来越关注国家教育均衡发展政策的实施情况，对于孩子接受优质教育的需求明显增加。创建新优质学校，使学生的道德与法治素养全面提高，培养良好的道德品质、健全的人格、终身学习的愿望和能力、强健的体魄、良好的交往能力和环境适应能力、良好的学习习惯和学习能力等，是学校的重要工作。学生道德与法治核心素养评价是教育过程的最后环节，全面及时有效的道德与法治核心素养评价对于提高学生的道德与法治素养具有十分重要的意义。如何组织实施科学的小学生道德与法治核心素养评价呢？

首先，要开展"二面三位四体"小学生道德与法治核心素养评价的实践探究，把如何有效实施小学生道德与法治核心素养评价作为专题来进行研究。在实践中探索实施"二面三位四体"的小学生道德与法治核心素养评价办法，并根据实施的情况及时调整，与时俱进，从而发挥小学生道德与法治核心素养评价的积极作用。

其次，提高任课教师对于道德与法治核心素养评价的认识，明确小学道德与法治核心素养评价的意义和目标。教育者的教育思想决定了其教育行动实施的效果。任课教师是学生评价的主体，为了不断更新任课教师的教育思想，改变他们在教学实践中以分数作为评价学生唯一手段的认识，提高教师对于小学生道德与法治核心素养评价重要性的理解，学校采取了多种办法。如选拔其中的优秀教师作为"小学生道德与法治核心素养评价研究小组"成员，参与相关评价研究活动和道德与法治核心素养评价细则的制定；组织专家讲座、学科组讨论会、论文比赛、异地学习等活动，提高任课教师对于小学生道德与法治核心素养评价的观念、意义、目标、方法和具体实施等方面的认识，使教师理解科学的道德与法治核心素养评价对于学生的全面发展、健康成长具有十分重要的意义；要求教师在教育教学过程中认真组织实施评价，并根据班级和学生的情况不断对评价方式、细则等进行调整、修订和完善。

最后，建立小学生道德与法治核心素养评价制度体系，明确评价主体。结合小学生道德与法治核心素养评价研究小组提出的方案，学校制定了"二面三位四体"的道德与法治核心素养评价制度体系，明确了评价的内容、办法和主体。对于小学生的思想和行为的评价目标更多地侧重于鼓励、引导、提醒、促进等功能，淡化惩罚、甄别和选拔的功能。制定了"道德与法治核心素养评价制度"，实施"二面三位四体"的小学生道德与法治核心素养评价办法，明确小学生道德与法治核心素养评价的目标、细则、实施办法，实现科学的小学生道德与法治核心素养评价。

一、指导思想

为了全面贯彻《基础教育课程改革实施纲要（试行）》和《教育部关于积极推进中小学评价与考试制度改革的通知》精神，构建小学生道德与法治核心素养评价的体系，引导和促进学生全面发展和健康成长，根据校情生情制定"二面三位四体"道德与法治核心素养评价制度，旨在培养学生健康的身体和健全的心理，释放学生的潜能，发挥学生参与学习活动的主动性，使学生学会做人、学会做事、学会合作、学会学习，促进学生德、智、体、美、劳的全面发展。

二、评价体系

"二面"评价内容，即从学生的课程学习方面（智育）和基础性发展方面（德育、体育、美育、社会实践等）进行道德与法治核心素养评价。

"三位"评价方面，即结合"小学道德与法治核心素养评价细则""素质教育报告册""学生成长档案袋"三个方面，对学生进行过程性和总结性评价。

"四体"评价主体，即以学生、教师、家长作为评价主体，通过学生自评、学生组评、教师评、家长评，对学生进行道德与法治核心素养评价。

三、评价原则

对小学生道德与法治核心素养的评价力求科学、全面、客观，在开展小学生素质发展水平评价过程中，坚持如下原则。

1. 素养导向的目标性原则

围绕课程目标，依据课程的内容要求、学业要求和学业质量标准，进行全面、综合的评价，注重从学生的理想信念、爱国情怀、担当精神、品德修养、法治观念、日常品行表现等方面加强考查，引导学生践行社会主义核心价值观，弘扬社会主义先进文化、革命文化和中华优秀传统文化。对于小学生的思想和行为的评价目标更多地侧重于鼓励、引导、提醒、促进等功能的体现，淡化惩罚、甄别和选拔的功能。

2. 以评促学的多元性原则

关注学生真实发生的进步，捕捉、欣赏、尊重学生有创意的、独特的表现，并予以鼓励，不断加深学生的知行体验，引导学生发现自己的潜能，合理运用评价结果改进学习，达到知行合一。从道德品质、健全的人格、终身学习的愿望和能力、强健的体魄、良好的交往能力和环境适应能力、良好的学习习惯和学习能力等方面比较全面客观地评价小学生道德与法治核心素养发展水平。

3. 重视表现性评价的过程性原则

围绕学生学习实践性、体验性等特点，注重观察、记录学生在学习、实践、创作等活动中的典型行为和态度特征，通过成果展示、观点交流等形式，对学生的学习情况进行分析，注重引导学生对自己的学习进行记录和自评。注重评价过程，使评价成为学生的重要学习活动，鼓励、引导、提醒、促进学生在日常学习生活中规范自己的习惯与言行。

4. 多主体评价的多向性原则

充分发挥学校、教师、学生、家长等不同评价主体的作用，形成多方共同激励的机制，从各个渠道，采用不同方式全面观察和收集学生在各种场景中的日常品行表现，各评价主体之间充分沟通交流，形成育人合力，增强学生学习的动力和信心。由教师、学生、家长共同参与评价，进行多向、充分的信息交流，使评价结果更加客观。

5.以评促教的一致性原则

通过对学生的学习过程评价和学习结果的反馈，促进教师反思并改进教学方式，使教能够更好地服务于学，努力实现"教—学—评"的一致性。

四、评价步骤

首先，每学期更新一次"小学道德与法治核心素养评价细则"内容。

自评。学生在教师的组织指导下进行自评，按照相关的评价要素，依据自己的学习生活实际，给自己作等级评价。

组评。学生本人将自评结果在小组内进行汇报、交流，小组成员按照相关的评价要素，依据学生本人的学习生活表现，协商作出等级评价。

家长评。家长按照相关的评价要素，依据学生校外表现作出等级评价。

教师评。教师依据学生在校内的学习生活表现，作出等级评价。

汇总四方面的评价结果，根据学生的道德与法治表现情况，最终确定每个学生的道德与法治核心素养评价等级，将评价结果向学生和家长反馈，并录入安徽省小学生学籍网上相应栏目中。

然后，每学期填写一次"素质教育报告册"。根据学生的课程学习情况、所获表彰情况等填写，报学校教导处审核。每学年将评价结果录入安徽省小学生学籍网上相应栏目。

最后，学生、家长共同参与完成"学生成长档案袋"。

第五章　重视教科研　促进教学改革

重视教科研对于上好小学道德与法治课非常重要。通过教科研可以提高教师教学水平，改进教学方法，同时也有助于教师不断完善课程内容，使其更符合学生的需求和实际情况。重视教科研能够使小学道德与法治课程更加科学有效，提高学生的学习积极性和学习效果。同时，也有助于提升教师的专业素养和教学能力，使他们成为优秀的道德与法治教育者。重视小学道德与法治学科的教科研工作，对于促进教学改革、提升教学质量、培养学生的道德修养和法治观念具有重要意义。应根据不同年级的学生特点，开展教科研活动，如低年级侧重基础道德教育，高年级侧重法治意识培养。通过教科研活动，教师能了解最新的教学理念和方法，实施多样化的教学策略，设计道德与法治相关的项目活动，应用现代信息技术，搭建在线学习平台，不断改进教学方法，提高教学效果，有效推动小学道德与法治学科的教学改革，培养学生的道德品质和法治观念，为他们的全面发展奠定坚实基础。

第一节　课堂教学策略研究

在小学阶段，道德与法治教育是十分必要和重要的，教师要重视道德与法治课堂教学策略研究，转变传统的教育理念和方法，运用更丰富的教学方法，激发学生的学习兴趣，使学生能够主动地进行道德与法治相关知识的学习和探索。

一、问题式学习和议题式教学

(一) 问题式学习

问题式学习 (Problem-based Learning，PBL) 是一种以虚拟问题场景或真实案例驱动学生主动学习、整合理论与实践的教学策略，并以此为基础发展出相应的教学模式。其显著特点是教师以问题为引导，启发学生进行思考[①]。问题式学习在小学道德与法治课程中是一种有效的教学方法，它通过让学生参与解决问题的过程，培养学生的综合能力和道德法治素养。以下是在小学道德与法治课程中问题式学习教学的实施方法。

①选取合适的问题。选择与小学生生活和社会相关的问题作为问题式学习的主题，这样可以激发学生的兴趣和提升其参与度。

②设计开放性问题。确保问题的设置具有一定的开放性和探究性，让学生从多种角度去思考、寻求解决问题的办法。

③团队合作。组织学生分成小组，让他们在小组中合作解决问题。团队合作可以培养学生的合作能力和团队精神。

④实践性活动。鼓励学生通过实践活动来寻求解决问题的办法，如社区参访、社会调查等，让学生在实际情境中运用所学知识。

⑤提供资源和指导。为学生提供必要的学习资源和指导，帮助他们更好地开展探究，同时要注重学生的自主学习和发现过程。

⑥学生展示。问题得到解决后，让学生进行成果展示，可以通过口头报告、展板、作品展等形式，这样有助于增强学生的自信心和表达能力。

⑦总结与评价。问题得到解决后，引导学生进行总结和评价，帮助他们反思问题式学习的收获和不足。

通过问题式学习教学，小学道德与法治课程会更加贴近学生的实际

---

① 辛琳.金融教育论丛.2020年.第1辑：总第5辑[M]：北京：中国金融出版社,2020:80.

生活和需求，这种教学方式更有利于培养学生解决问题的能力和创新意识。此外，问题式学习也能促进学生对道德与法治知识的深入理解和应用，提高学生的学习兴趣和主动参与度，实现知行合一的教学目标。

（二）议题式教学

议题式教学指围绕议题展开的一系列有逻辑的认知思辨和可选择的活动探究的教学过程，是以"议"为解决问题主要方式的意义建构过程。在小学道德与法治教学中，议题式教学是一种有效的教学方法。这种教学方法鼓励学生在教师的指导下自主选择研究的议题，通过探究和讨论，培养学生的独立思考和问题解决能力，同时提升学生的道德意识和法治观念。以下是议题式教学的特点和实施方法。

1.特点

①学生主动参与。学生可以根据自己的兴趣和需求选择研究的议题，使学习更加主动和个性化。

②独立思考和合作探究。学生在探究活动中既要进行独立思考，也要进行团队合作，培养学生的思辨能力和合作精神。

③注重问题解决。学生通过探究解决实际问题，使学习更有针对性和实践性。

④多元表现形式。学生可以通过报告、展板、演示等多种形式呈现研究成果，发挥个性和创造力。

2.实施方法

①选定议题。教师可以提供一些议题供学生选择，也可以让学生自主提出感兴趣的议题。

②制订学习计划。学生根据选定的议题制订学习计划，包括研究内

容、学习方法、分工合作等。

③自主研究。学生根据学习计划进行自主研究，搜集信息，进行资料整理和分析。

④团队讨论。学生在小组内进行讨论和交流，共同解决问题，分享发现。

⑤成果展示。学生将研究成果以自己喜欢的形式进行展示，如口头报告、海报、演示文稿等。

⑥总结反思。学生进行学习过程的总结和反思，评价自己的学习成果和收获。

通过议题式教学，小学道德与法治教学可以更加贴近学生的实际需求，激发学生的学习兴趣和主动参与度。学生在自主探究的过程中，将深入了解道德与法治的重要性，培养独立思考和问题解决能力，同时也提高社会责任感和公民意识。教师在活动中起到指导和引导的作用，让学生在自主探究中发现问题、解决问题，真正实现知行合一。

（三）案例应用

在小学道德与法治教学中，采用问题式学习和议题式教学可以有效地促进学生参与、思考和学习。下面以《伟大的中国梦》为例，应用问题式学习、议题式教学等，设计教学案例。

《伟大的中国梦》教学设计

【教学内容】

《习近平新时代中国特色社会主义思想学生读本 小学低年级》第4讲《我们的中国梦》第2个话题"伟大的中国梦"。

【学情分析】

本课部分内容与人教版《道德与法治》二年级课本内容有关联，与人教版《语文》二年级课本内容也有关联。二年级学生对于党和国家有较初步的了解，对于个人理想也有初步认识，但对于伟大的中国梦的内容理解不够。针对学生情况，教学设计中充分发挥学生的主动性，采用问题式学习、议题式教学活动形式，联系学生现实生活设计教学活动。

【教学目标】

1.初步了解中国梦的定义和主要内容。

2.培养学生提出问题、搜集资料、研究问题的意识，初步培养学生的思考能力和合作能力。

3.激发学生为实现伟大的中国梦不断努力的意识，培养学生热爱祖国、热爱中国共产党的情感。

【教学重难点】

知道中国梦既是国家、民族的强盛梦，又是人民的幸福梦；既是中国人民的集体梦，又是每个中国人的个人梦。激发学生为伟大的中国梦不断努力，热爱祖国、热爱中国共产党的情感。

【教学方法】

问题式学习、议题式教学法、合作探究法、自主探究法、小组合作法、讲授法。

【教学准备】

课件、学生手工作品、分组合作学习报告单、即时贴等。

【教学过程】

1.导入：

（1）播放视频：2022年"六一"国际儿童节前夕"大朋友"习近平给"小树苗"的暖心寄语①。

（2）我们每个人都有自己的小小的梦想，我们的国家有大大的梦想。

（3）揭示课题：伟大的中国梦。

2.主体活动：

活动一　伟大的梦想（说梦）

（1）你身边有哪些关于中国梦的信息？

（2）默读读本第35页内容后思考、交流：

①中国梦是指什么？

②中国梦是谁的梦？

③中华民族近代以来最伟大的中国梦是什么？

（3）同学们，你的中国梦是什么？

（根据读本的文字、图片内容提示，先小组交流，再全班交流。）

小结：中国梦是国家富强的梦，民族团结的梦，是我们每个中国人的幸福生活梦。

活动二　航天的梦想（筑梦）

（1）问题研究活动。

（问题驱动，自主发问，自由选择问题、分组，寻找解决问题的路径，形成调查研究报告，汇报交流。）

①全班同学自由发问。

②结合读本第36～37页内容确定4个主要研究问题。

①曲羿.最温柔的牵挂 | "大朋友"习近平给"小树苗"的暖心寄语［EB/OL］.(2022-5-31)
［2024-5-25］.https://baijiahao.baidu.com/s?id=1734319268056934689&wfr=spider&for=pc.

第1组研究问题：

我国航天领域的杰出科学家有哪些？他们为航天事业发展作出了哪些主要贡献？

第2组研究问题：

我国有哪些航天员代表？他们主要完成了什么样的工作？

第3组研究问题：

航天人经历的艰苦挑战有哪些？

第4小组研究问题：

中国航天事业的发展是怎样的？取得了哪些辉煌成就？

③课前准备活动中进行分组研究，课上交流汇报。

四个小组汇报研究成果、思考。

小结：在这次的问题式学习活动中，每位同学都能积极参与，围绕项目内容自主发问，自由组合，自主选择研究问题，通过查找资料、咨询大人等多种方法开展研究，形成自己的思考和研究报告，集体交流。

过渡：同学们，自古以来，我们的祖先就有一个浪漫的飞天梦，它被藏在嫦娥奔月的神话里，画在敦煌飘飞的衣裙上，写在"嫦娥孤栖与谁邻"的诗句中。浩瀚星空写满了祖先仰望苍穹的美丽幻想。古人遗憾，今天梦圆。

（2）观看视频：中国航天事业发展时间轴、取得的辉煌成就，未来航天发展梦想。

（板书：国家富强、民族振兴、人民幸福）

小结：同学们，就在2024年10月，我国神舟十九号载人飞船成功发射。梦想的实现需要付出辛勤的汗水和不懈的努力，这是伟大的中国共产党带领全国人民艰苦奋斗，是一代又一代中华儿女付出艰辛努力的结果。从"两弹一星"到"载人航天"，再到"北斗探月"，我们谱写了绚丽的航天华章。习近平总书记指出："探索浩瀚宇宙，发展航天事业，建设航天强国，是我们不懈追求的航天梦。"

活动三　梦想生花（逐梦）

（1）议题式教学。

（确定议题——提供支架——研究议题——提升素养）

每名学生可以自主选择（二选一）议题内容，教师提供开放式的提示支架，帮助学生更充分地自主探究。

①我们还有哪些梦想？

奥运梦、强军梦、航母梦、科技梦、金融梦、法治梦、安居梦、生态梦、民生梦、芯片梦、创新梦、教育梦、强国梦、家乡梦、我的梦……

②你了解哪些为实现中国梦而奋斗的人物事迹？

英雄人物、先进人物、航天英雄、科学家、青年志愿者、奥运冠军、劳动模范、抗疫先锋、党员老师……

③小组自主交流调查资料，小组代表汇报。

同学们说得真好，相关的内容我们可以课后继续自主探究。

（2）动手表达伟大的中国梦。

只有每一个中国人不懈努力，我们伟大的中国梦才能生花。现在请每位同学拿出自己准备的关于中国梦的画、模型、小作文、手工、手抄报等放在课桌上，班级范围内自主交流。大家可以自由地去看看别人的作品，问问创作者的构想、思考、用意。

（3）梦的关系。

同学们，个人梦、集体梦、家庭梦、民族梦、国家梦都在伟大的中国梦的范围内，伟大的中国梦的内涵随着社会的发展还在不断扩容、延伸。

小结：中国梦凝聚着亿万中国人的梦想，一代又一代各行各业的中国人为了实现中国梦辛勤劳动、努力奋斗。

活动四　梦想起航（圆梦）

（1）观看视频：中华民族伟大复兴的中国梦扬帆起航。

（2）小记者在行动：进行我的中国梦访谈交流。

（3）梦想起航见行动。

为实现远大的梦想，要在实践中从一点一滴做起，梦想起航需要我们每个人努力奋斗。同学们，关于实现梦想，你们怎么想？准备怎么做呢？

请同学们在即时贴上写上"实现梦想"的关键词和自己的名字，贴到黑板上的心形图形里，和同学说说你的打算。

（4）学习手势舞：少年中国说。

伟大的中国梦由我们中华少年去圆，我们一起少年说。

3.全课总结：

一个人，一个民族，一个国家，都需要拥有梦想和追求，我们的中国梦就是国家富强、民族振兴、人民幸福。中国梦是国家的梦、民族的梦，也是我们每个中国人的梦。实现中华民族伟大复兴是我们每个少年最伟大的梦想，梦想的实现需要我们在现实中不懈努力。

4.课后实践活动：

（1）推荐阅读书目：《闪闪的红星》（人民文学出版社2022年版）。

（2）共读内容：伟大的中国梦双周主题阅读内容安排。

（3）实践行动：梦想起航见行动。

【板书设计】

伟大的中国梦

国家富强

民族振兴

人民幸福

【教学反思】略。

《伟大的中国梦》教学实录

【课前准备】

音乐（少年中国梦）；视频（"大朋友"习近平给"小树苗"的暖心寄语）；中国航天事业发展时间轴取得的成就及未来发展的方向；学生作品一句话合集；我国取得的辉煌成就（港珠澳大桥、火星号探测、天问、政治、经济、军事、国际地位）；学生作品课件和介绍（画画、手工、航天模型、手抄报、作文；PBL报告单；课件、翻页笔、组牌）。

【教学过程】

1.导入：

（1）同学们，这节课我们先来看一段视频，请大家边看边想，你看到了什么？想到了什么？

播放视频：2022年"六一"国际儿童节前夕"大朋友"习近平给"小树苗"的暖心寄语（板书：伟大的中国梦）。

（每个人都有自己的梦想，"大朋友"习近平祝全国小朋友节日快乐。）

（2）我们每个人都有自己的小小的梦想，我们的国家有大大的梦想。

（3）教师指课题，学生读课题：伟大的中国梦。

2.主体活动：

活动一　伟大的梦想（说梦）

（1）课前同学们在线上线下搜集了身边关于中国梦的信息，谁来说一说？

（2）现在请同学们打开读本，默读第35页内容后思考：

①中国梦是指什么？（国家富强、民族振兴、人民幸福）

②中国梦是谁的梦？（国家的梦、民族的梦，也是我们每个中国人的梦）

③中华民族近代以来最伟大的梦想是什么？（实现中华民族的伟大复兴）

（3）同学们，你的中国梦是什么？根据读本的文字、图片内容提示，进行全班交流。

中国梦是国家富强的梦，民族团结的梦，是我们每个中国人的幸福生活梦，也是我们班每位少年的梦。

活动二　航天的梦想（筑梦）

根据读本第36~37页内容，我们开展了问题式学习活动（问题驱动，自主发问，自由选择问题、分组，寻找解决问题的路径，形成调查研究报告，汇报交流）。首先我们来看看每位同学关于航天的梦想的自主发问。

（出示自主发问链接）

这是班级每位同学自主发问的问题，让我们一起浏览一下。

在这些问题中，结合读本第36~37页的内容，我们确定了4个主要研究问题。全班同学自由分组，自主选择核心问题项目，分组合作研究。这是4个小组的人员和四个核心问题。

现在小组进一步讨论，也可跨小组交流讨论搜集的资料和核心研究成果，推荐汇报人员。

（出示四个链接）

4个小组组长交流相应问题研究成果报告。

第1小组研究问题：我国航天领域的杰出科学家有哪些？他们为航天事业发展作出了哪些主要贡献？

第2小组研究问题：我国有哪些航天员代表？他们主要完成了什么样的工作？

第3小组研究问题：航天人经历的艰苦挑战有哪些？

第4小组研究问题：中国航天事业的发展是怎样的？取得了哪些辉煌成就？

刚才四个小组的汇报非常好。

这次的问题式学习活动中，每位同学积极参与，围绕项目内容自主发问，自由组合，自主选择研究问题，通过查找资料、咨询大人等多种方法开展研究，形成自己的思考和研究报告，集体交流。这种面对问题和解决问题的方法很好。

同学们，自古以来，我们的祖先就有一个浪漫的飞天梦，它被藏在嫦娥奔月的神话里，画在敦煌飘飞的衣裙上，写在"嫦娥孤栖与谁邻"的诗句中。浩瀚星空写满了祖先仰望苍穹的美丽幻想。古人遗憾，今天梦圆。

教师播放视频：中国航天事业发展时间轴、取得的辉煌成就、未来航天发展梦想。

（教师板书：国家富强、民族振兴、人民幸福）

　　同学们，就在2024年10月，我国神舟十九号载人飞船成功发射。梦想的实现需要付出辛勤的汗水和不懈的努力，这是伟大的中国共产党带领全国人民艰苦奋斗，是一代又一代中华儿女付出艰辛努力的结果。从"两弹一星"到"载人航天"，再到"北斗探月"，我们谱写了绚丽的航天华章。习近平总书记指出："探索浩瀚宇宙，发展航天事业，建设航天强国，是我们不懈追求的航天梦。"

活动三　梦想生花（逐梦）

　　（1）伟大的中国梦不只是航天梦，这节课的自主探究议题式活动围绕2个议题展开，每名学生可以任选其中一个议题内容。为了同学们能更充分地自主探究，我们提供了开放式的提示支架。

　　议题①：我们还有哪些梦想？

　　奥运梦、强军梦、航母梦、科技梦、金融梦、法治梦、安居梦、生态梦、民生梦、芯片梦、创新梦、教育梦、强国梦、家乡梦、我的梦……

　　议题②：你了解哪些为实现中国梦而奋斗的人物事迹？

　　英雄人物、先进人物、航天英雄、科学家、青年志愿者、奥运冠军、劳动模范、抗疫先锋、党员老师……

　　现在请4个小组自主交流调查资料，并请小组代表汇报。

　　同学们说得真好，相关的内容我们可以课后继续自主探究。

　　（2）梦想生花。

　　围观：用我们的小手表达伟大的中国梦。

　　只有每一个中国人不懈努力，我们伟大的中国梦才能生花。现在请每位同学拿出自己准备的关于中国梦的画、模型、小作文、手工、手抄报等放在课桌上，班级范围内自主交流。大家可以自由地去看看别人的作品，问问创作者的构想、思考、用意。

出示作品展示视频链接，请学生自主上台展示作品。

同学们，个人梦、集体梦、家庭梦、民族梦、国家梦都是在伟大的中国梦里，伟大的中国梦的内涵随着社会的发展还在不断扩容、延伸。中国梦凝聚着亿万中国人的梦想，一代又一代各行各业的中国人为了实现中国梦辛勤劳动、努力奋斗。

活动四　梦想起航（圆梦）

（1）同学们一起来看看我们国家的政治、经济、文化、军事、社会等方面发展的成就。

出示链接：扬帆起航。

播放视频：中华民族伟大复兴的中国梦扬帆起航。

（2）为中国梦而奋斗的人就在我们身边，一起来听听我的中国梦访谈。请学生上台进行访谈模拟。

（3）为实现远大的梦想，要在实践中从一点一滴做起，梦想起航需要我们每个人努力。同学们，关于实现梦想，你们怎么想？准备怎么做呢？

出示伴奏链接：少年中国梦。请同学们在即时贴上写上"实现梦想"的关键词和自己的名字，贴到黑板上的心形图形里，和同学说说你的打算。（根据实际情况，集中汇报）

教师总结：一个人，一个民族，一个国家，都需要拥有梦想和追求，我们的中国梦就是国家富强、民族振兴、人民幸福。中国梦是国家的梦、民族的梦，也是我们每个中国人的梦。实现中华民族伟大复兴是我们每个少年最伟大的梦想，梦想的实现需要我们在现实中不断努力。伟大的中国梦由我们中华少年去圆。

3.课后实践活动：

（1）推荐阅读书目：《闪闪的红星》（人民文学出版社2022年版）。

（2）共读内容：伟大的中国梦双周主题阅读内容安排。

（3）实践行动：梦想起航见行动。

请3个分管班长分别安排课后实践活动。这节课就上到这里，下课。

问题式学习合作探究活动关于航天的梦想自主发问问题清单

1.罗**　学号13　中国有哪些航天科学家？人类可以去火星居住吗？

2.陈**　学号3　为什么在太空舱中没有氧气，并且人会漂浮？

3.郑**　学号33　航天员在训练的时候辛苦吗？航天员在太空可以看到日出吗？

4.许**　学号25　我国有哪些伟大的科学家？太空里的星球都叫什么名字？

5.徐**　学号24　航天员要经历哪些艰苦挑战？宇航员到了太空会长高吗？

6.丁**　学号4　我国有哪些航天科学家？为什么宇航服大多都是白色的？

7.胡**　学号7　月球上有白天和黑夜吗？

8.徐**　学号23　太空中有没有水？

9.袁**　学号28　航天员的训练辛苦吗？在太空生活，人类寿命可以延长吗？

10.赵**　学号32　为什么在太空里会失重？

11.常**　学号2　怎么样才能当上航天员？

12.陆** 学号11 航天员在太空中会洗衣服吗?

13.唐** 学号17 宇航员为什么会飘在太空中?

14.王** 学号21 航天员为什么返回都要被抬起来?

15.刘** 学号10 星星是什么形状的?

16.孙* 学号15 航天员飘在太空舱里,那他们睡觉是躺着睡还是坐着睡?还是一直飘着睡?他们辛苦吗?

17.赵** 学号31 我们中国的航天事业现在发达吗?宇宙里到底有多少颗星星呢?

18.丁** 学号5 我国航天事业取得了哪些成就?太空里有多少颗行星?

19.陆** 学号12 太空舱里能不能养鱼?

20.余** 学号26 航天员吃的食物是什么?他们在太空中怎样生存?他们要做哪些准备呢?

21.邱** 学号14 我国的航天员在太空有没有发现其他生物呢?

22.余** 学号27 航天员的生活垃圾哪儿去了?

23.韩* 学号6 宇航员去太空为什么要做那么辛苦的准备工作?

24.王** 学号22 航天员穿着厚厚的太空服会不会热?

25.孙** 学号16 我们国家的航天事业发达吗?太空有其他生物吗?

26.汪** 学号18 在太空中,航天员怎么交流?

27.蔡** 学号1 航天员在太空中能摘到星星吗?

28.李** 学号8 太空每天温度会变化吗?

29.朱** 学号34 航天科学家有哪些?太空距离地球有多远,要飞多长时间才可以到?

30.张** 学号29 宇航员在太空中生病了怎么办?

31.李** 学号9 航天员的训练辛苦吗？太空中有外星人吗？

32.张** 学号30 我国有哪些航天科学家？空间站每小时飞行多远？

第1小组第1次报告材料：

问题式学习调查报告单（1）

班级：**小学二年级（4）班 组别：航天科学家小组 时间：6月4日

问题	我国航天领域的杰出科学家有哪些？他们为航天事业发展作出了哪些主要贡献？
参与成员	王**、蔡**、张**、赵**、汪**、韩*、丁**、常**、孙**
研究途径	网络信息,查阅书籍

主要调查研究结果
1.钱学森:被称为"中国导弹之父""火箭之王",他主持参与了近程导弹、中近程导弹和中国第一颗人造卫星的研制。 2.郭永怀:唯一一位在中国核弹、导弹和人造地球卫星领域均作出巨大贡献的科学家。在乘坐飞机时,为了保护研究结果壮烈地牺牲了。 3.王希季:中国卫星与卫星返回技术专家,专注火箭及航天器的研制。 4.赵九章:为中国国防科技和人造卫星事业的发展作出了杰出的贡献。 5.周建平:中国载人航天工程总设计师,帮助中国航天员完成了首次太空出舱。 6.邓稼先:研究制造了原子弹武器,保卫祖国安全。他在美国毕业后,立刻回到祖国报効国家,非常值得我们学习! 7.钱骥:中国第一颗卫星东方红一号方案的总体负责人,获"两弹一星"功勋奖章,是中国空间技术的开拓者之一

备注	还有很多我们没有查找到的科学家,他们都作出了很多贡献。希望以后我们也可以成为这样伟大的科学家

第1小组第2次报告材料：我们航天科学家小组通过上课学习、图书馆查阅资料、查询网络等方法，搜集伟大科学家的信息资料，展开组内讨论后，进行整理、汇报。

第2小组第1次报告材料：

问题式学习调查报告单（2）

班级：**小学二年级（4）班　　组别：航天先锋小组　　时间：6月4日

问题	我国有哪些航天员代表？他们主要完成了什么样的工作？
参与成员	徐**、张**、赵**、邱**、徐**、余**、刘**、余**、张**
研究途径	网络信息

主要调查研究结果
1.杨利伟：中国第一位进入太空的宇航员，2003年10月15日乘神舟五号飞船首次进入太空。
2.王亚平：两次进入太空，2013年6月20日首次太空授课。2021年11月7日成为中国首位出舱的女航天员。
3.聂海胜：2005年10月、2013年6月、2021年6月三次登陆太空，完成神舟十号和天宫一号对接操作，进入天和核心舱。
4.刘洋：2012年、2022年两次进入太空，是我国第一个进入空间站的女航天员，主要负责航天环境适应、航天专业技术飞行程序与任务模拟训练。
5.费俊龙：2005年10月12日执行神舟六号载人航天飞行任务，第一次进行压力服脱穿试验，第一次进入轨道舱。
6.翟志刚：2008年9月、2021年10月两次进入太空，是中国第一个在太空行走的人

备注	航天员为我国的航天事业作出了巨大贡献，希望在不久的将来我们可以在太空培育神奇的花草，开发适合人类居住的地方，开展太空游玩项目

第2小组第2次报告材料：我们航天先锋小组通过上网查阅资料、问询爸爸妈妈、组内讨论交流等，搜集航天员和他们工作的资料，最后整理成报告。

第3小组第1次报告材料：

问题式学习调查报告单（3）

班级：**小学二年级（4）班　　　组别：航天英雄小组　　　时间：6月4日

问题	航天人经历的艰苦挑战有哪些？
参与成员	罗**、丁**、郑**、陆**、陆**、王**、李**、唐**、汪**
研究途径	网络信息、咨询大人、查阅书籍

主要调查研究结果
1.航天员入舱前要进行特别艰苦的训练。 2.航天员在太空舱刷牙，可以把牙膏吐到纸巾上再扔进垃圾袋，也可以把牙膏沫咽进去；睡觉要睡在固定的睡袋里，否则会到处乱飘；太空舱的微重力环境会对人体产生较大的影响；宇航员容易流失大量的体液。 3.太空行走其实非常危险，因为可能会被微流星、太空垃圾等撞破太空服；在失重环境中，宇航员可能会眩晕、恶心、呕吐等。 4.太空的气味很难闻，没有声音，缺失方向感。 5.太空舱出现故障时，宇航员只能自己维修；如果坠落，宇航员可能会受伤甚至失去生命。 6.宇航员在外太空长时间见不到自己的家人，会很孤独，很难过。 7.宇航员着陆后无法站立，需要一段时间来适应地球环境

备注	所以，航天员在太空中并不仅仅像我们电视上看到的那样只是好玩儿。每一位航天员都是英雄，都是很厉害的人，他们为我们人类的共同利益付出了非常艰辛的努力！我们应该向所有的航天人致敬，并向他们学习

第3小组第2次报告材料：我们航天英雄小组通过课堂学习、图书馆查阅资料、查询网络等方法，了解航天员面临的艰难挑战，通过大家交流、讨论，形成汇报。

第4小组第1次报告材料:

问题式学习调查报告单（4）

班级：**小学二年级（4）班　　组别：航天梦小组　　时间：6月4日

问题	中国航天事业的发展是怎样的？取得了哪些辉煌成就？
参与成员	陈**、袁**、汪*、李**、孙*、胡**、朱**、许**
研究途径	网络信息、咨询大人、查阅书籍

主要调查研究结果
1. 1956年，中国航天事业的发展从无到有，国家成立了航空工业委员会。 2. 1970年，中国第一颗人造卫星"东方红一号"成功升空。 3. 1999年11月20日，中国第一艘无人试验飞船神舟一号飞船发射升空。 4. 2003年10月15日，神舟五号搭载首位中国宇航员杨利伟前往太空，表明中国掌握了载人航天技术。 5. 2007年10月24日18时05分，中国首颗绕月人造卫星嫦娥一号成功奔月。 6. 2008年，神舟七号搭载三名宇航员进入太空，翟志刚完成中国首次太空行走。 7. 2011年9月29日，天宫一号发射升空，标志着我国航天事业已经进入空间站阶段

备注	我们期待，在不久的将来，可以去太空旅游，飞到火星上去"摘星星"，探索更多的宇宙奥秘

第4小组第2次报告材料：我们航天梦小组通过课堂学习、图书馆查阅资料、咨询老师的方法，了解了我国航天事业是怎样一步一步发展起来的，大家一起整理汇总了报告。

上述是应用了问题式学习和议题式教学方法的教学案例，通过将实际问题引入课堂，引导学生进行合作探究，培养学生的问题解决能力和综合素质。

在小学道德与法治教学中，问题式教学的应用的优势表现在引导学生主动参与，鼓励学生主动探究，让他们在课程中扮演积极的角色，提高学习的主动性和积极性；以问题为导向，引入实际问题激发学生的兴趣，让他们在解决问题的过程中学习道德和法治知识，并能将知识应用于现实情境；合作与协作，鼓励学生进行合作、协作，培养团队合作精神，锻炼社交技能和团队合作能力；跨学科学习，通过问题式学习，学生可以整合不同学科的知识，探讨道德与法治问题的多维度性；深度理解，通过深入研究问题，学生能够更深刻地理解相关的道德和法治概念，培养批判性思维和分析能力。

议题式教学中学生自主选择议题并深入研究，发展个人兴趣和能力。在小学道德与法治教学中，通过议题式自主探究这样的个性化学习方法，学生可以选择符合自己兴趣的议题，从而激发学习动力，使学习更加个性化和有针对性。学生通过自主选择议题并进行研究，培养解决问题的能力，促进自主学习和探究精神。学生因为对自己选择的议题感兴趣，更有动力深入思考，从多个角度探讨问题。通过自主研究，学生能够形成批判性思维，分析问题的多个方面，形成自己的观点和判断。学生可以把研究成果通过展示、演讲等方式分享给同学，提高沟通能力和表达能力。

问题式学习和议题式教学是有效的小学道德与法治教学方法，可以提升学生的综合素质，培养问题解决能力和自主学习能力。在实施过程中，需要教师提供科学、及时的指导、支持和评价，以确保学生在探究活动中能够取得良好的学习效果。同时，也需要根据学生的年龄和认知水平进行合理地设计和调整，确保教学方法的适用性。

二、信息技术辅助教学

（一）应用信息技术辅助教学

在小学道德与法治教学中，信息技术是辅助教学的一种有益的手段。

它可以丰富教学内容，提升教学效果，增强学生的学习兴趣和参与度。以下是一些信息技术在小学道德与法治教学中的应用。

1.多媒体课件

教师可以制作道德与法治课程的多媒体课件，其中的素材包括图片、音频、视频等，使课堂更加生动有趣。通过展示多媒体内容，能够帮助学生更好地理解道德与法治的概念和实践案例。

2.视频资源

让学生观看相关的道德与法治教育视频，如相关案例、模拟法庭和道德决策等视频，加深学生对课程内容的理解。

3.网络资源

教师可以指导学生使用互联网搜索相关资料，了解国家法律法规、社会公德等方面的信息，促进学生独立学习和自主探究。

4.互动教学软件

教师可以使用互动教学软件，设置道德与法治知识的问答游戏、模拟案例分析等，增加课堂互动和学习趣味。

5.在线讨论平台

教师可以建立在线讨论平台，鼓励学生在课后进行讨论，分享学习心得和解决问题的方法。

6.电子教学平台

利用学校或教育部门提供的电子教学平台，为学生提供课程资料和为其交流互动提供便利。

7.模拟案例软件

运用模拟案例软件，让学生在虚拟环境中扮演法官、律师等角色，增强学生的实践能力和法律意识。

（二）案例应用

在小学道德与法治教学中，采用信息技术辅助教学可以增强课程的吸引力和互动性，激发学生的学习兴趣和主动参与度。同时，教师也可以更便捷地组织教学资源和展示教学内容，提高教学效率和教学质量。然而，教师在应用信息技术时需要注意确保内容的准确性和教学平台的安全性，确保学生的学习体验和学习成果的有效性。下面以人教版《道德与法治》四年级上册第12课《低碳生活每一天》为例，应用信息技术辅助教学，设计教学案例。

《低碳生活每一天》教学案例

【教材分析】

《低碳生活每一天》是人教版《道德与法治》四年级上册第四单元"让生活多一些绿色"中的一课。本单元在低年级"认识并懂得节约日常生活中的各种资源，有保护环境意识，学习有创意生活"的基础上，进一步培养学生绿色生活的意识和方式。本课作为本单元的最后一课，更加侧重于由知到行的递进发展，通过信息技术辅助教学，着重引导学生认识气候变暖问题的严重性，反思自己的生活方式，减少碳排放，学会过绿色生活，并积极参与环保活动。

【教学目标】

1.关注地球升温的问题，认识气候变暖的危害，体会"低碳生活"的重要意义。

2.通过探究和分析日常生活中"碳排放"，具体认识地球变暖与日常生活方式息息相关。

3.树立环保意识，增强社会责任感，学会低碳生活的具体方式，过绿色生活。

【教学重难点】

1.了解气候变暖的危害，明晰地球升温的根本原因。

2.具体探究"碳排放"与人们日常生活行为之间的关系，反思自己的生活现状，学会并践行低碳环保、绿色生活的具体方法。

【课时安排】

2课时。

第一课时

【教学准备】

课件、视频等。

【教学过程】

一、动画导入，趣谈高温

1.通过互联网平台，观看动画片《熊出没之夏日连连看》第6集《高温勿躁》片段。

2.引导：同学们，光头强怎么了？

3.追问：天气很热的时候，你有什么感受呢？

（设计意图：利用互联网平台，从孩子们感兴趣的动画片入手，把孩子们带入高温高热环境下，唤起学生的感知。）

二、全球变暖，感知症状

活动一　课件呈现数据，了解全球气候变暖

1.仔细观察图表，你有什么发现？（出示2018年7月最高气温表）

2.关于2018年夏天的气温，你看明白了什么？

3.仅仅是夏天温度在升高吗？你还发现了什么？

4.再读一读"知识窗"的内容，你又知道了什么？

5.小结：是啊，图表中一系列的数据都在告诉我们——全球变暖了，地球"发烧"了。

活动二　联系生活，感知全球气候变暖的具体表现

1.导语：同学们，日常生活中，哪些现象说明全球气候变暖、地球"发烧"？

2.引导学生结合自己课前搜集的信息进行交流。

预设现象（1）：停电次数增多。

①为什么夏季晚上容易停电呢？

②夏季是用电高峰，你有什么发现？

③小结：全球气候变暖，用电量在持续上升，带来了巨大的供电压力，很多地方因此拉闸停电。

预设现象（2）：自燃现象。

①气温太高，汽车自己燃烧起来了，对我们的出行造成了影响。

②高温天除了汽车会燃烧，你还听说过哪些自燃事件？

预设现象（3）：暖冬现象。

①冬天越来越暖和了，谁还有这样的体验？

②正如同学们所感受到的，这就是"暖冬现象"。

预设现象（4）：中暑的人越来越多。

①高温对我们的身体有哪些影响呢？

②小结：生活中的种种现象都说明全球气候变暖，给我们的生活带来了很大的影响。

（设计意图：通过信息技术制作、呈现数据，从一系列数据中了解全球气候变暖这一趋势。联系学生的生活，挖掘学生资源，留心生活中的种种现象，感知全球气候变暖给我们的生活带来的影响。）

三、全球气候变暖，带来灾害

1.导语：全球气候变暖导致了全球范围内气候混乱异常，带来一系列的自然灾害。课前同学们分组搜集了资料，现在请小组内交流一下，待会儿每个小组请一个代表来分享。

2.利用希沃视频展台（一款基于视频展台设施实现对实物进行动态图像展示的软件）进行全班汇报（本环节先听学生交流，再由其他组补充，最后教师点拨提升）。

预设现象（1）：全球气候变暖导致冰川融化，南北极动物生存受到威胁。

①资料补充：全球气候变暖导致冰川融化，南北极的动物生存受到威胁。北极熊贝贝有话对大家说。

②听了北极熊贝贝的遭遇，你有什么感受？

③是啊，全球气候变暖给动物朋友们带来了巨大的灾难。

预设现象（2）：海平面上升，沿海陆地面积缩小，岛国即将消失。

①全球气候变暖，海平面上升，像卢瓦图这样美丽的岛国、马尔代夫这样令人神往的度假胜地、威尼斯这样的水上之城都将消失、不复存在。

②假如南北极的冰川全部融化了，会怎么样呢？

③谈谈自己的感受。

④小结：海平面上升，动物和人类都将失去家园，失去一切！

预设现象（3）：全球气候变暖导致极端天气增加。

预设现象（4）：全球气候变暖导致干旱加剧。

预设现象（5）：全球气候变暖导致病虫害增加。

小结：细菌病毒的增加威胁着人类的健康，一些害虫的繁殖还影响了农作物的收成。

3.同学们，全球气候变暖带来了一系列的自然灾害，最终给人类带来了伤害。

4.假如气温再上升4摄氏度，会给地球生态和人类生活带来什么样的后果呢？也许有一天我们会有这样的遭遇，看完视频（出示科幻片《后天》的视频剪辑片段），你最大的感受是什么？

5.小结：视频中的画面是科幻片中的情境，不是现实。但是如果全球气候持续变暖，那给人类和地球所带来的影响和伤害是无法想象的。

（设计意图：利用希沃视频展台，充分展示北极熊贝贝的遭遇、图片资源、录音资源、视频剪辑资源等，感受全球气候变暖带来的自然灾害，以及给人类带来的伤害。）

四、探寻元凶，引出低碳

活动一　明确元凶

1.气候变暖、地球"发烧"，谁是罪魁祸首呢？

2.刚才同学说的二氧化碳，我们也称它为"温室气体"（板书：温室气体），让我们一起来了解一下吧。

3.阅读课本第90页"阅读角"部分内容,说一说你对"温室气体"有什么新的认识?

4.是啊!全球变暖的罪魁祸首是人类制造了大量"温室气体"。(板书:人类)

活动二　生活中制造大量"温室气体"

1.导语:生活中,你见过哪里在制造大量"温室气体"呢?请大家拿出课前搜集的图片,四人一组进行组内交流,然后每一个小组选取最具代表性的一张图片贴在黑板上。

2.学生拿着图片交流在哪里见到制造大量"温室气体"。

预设现象(1):汽车排放尾气。

①好几张都是关于汽车尾气的图片。一辆普通轿车会排放多少"温室气体"呢?

②小结:同学们,现代化的交通工具给我们带来便利的同时,也在制造大量二氧化碳,造成全球气候变暖,最终给人类带来伤害。

预设现象(2):工厂排放废气。

小结:工厂生产我们所需物品的同时,也在制造"温室气体",使得全球气候变暖。

预设现象(3):燃烧垃圾、燃烧秸秆。

预设现象(4):空调等电器使用。

①学生介绍图片内容。

②你们想过空调这些家电在投入使用的时候就会间接产生"温室气体"吗?

③小结:人类的很多活动都在排放大量"温室气体",导致全球气候变暖。

预设现象（5）：乱砍滥伐。

①这张特殊的砍伐森林的图片是谁搜集的？你为什么会选择这张图片？

②小结：大量砍伐树木降低了对"温室气体"的吸收率。我们来看看视频，了解一下全球森林的现状（面积）。

③同学们，看了视频，你最大的感触是什么？

3.小结："温室气体"排放以及其他人为因素已成为自20世纪中期以来全球气候变暖的主要原因。

4.看着课件，在白板上边画箭头边总结——人类制造大量"温室气体"导致全球变暖，全球变暖给环境和人类造成一系列的影响和伤害。这是一个恶性循环。

（设计意图：通过生动有趣的微课视频，了解"温室气体"，明确全球变暖的罪魁祸首是人类制造的大量"温室气体"。围绕搜集的生活中制造大量"温室气体"的图片，进行小组交流、介绍，从而了解人类的很多行为都会排放"温室气体"，导致全球变暖。）

五、倡导"低碳"，揭示课题

1.导语：如今人类积极行动起来了。2009年，随着联合国气候变化大会的召开，气候变化问题成了全球共同关注的重大问题，人们开始倡导"低碳生活"。

2.同学们，你们对低碳生活有了解吗？

3.小结：简单地说，低碳生活就是在生活的点点滴滴中节约能源，减少碳排放。我们每个人都应该低碳生活每一天。

（设计意图：自然而然地引出"低碳生活"的话题，揭示课题，为下节课的学习作铺垫。）

第二课时

【教学过程】

一、了解身边的碳排放

1.导语：生活中方方面面都会有"碳排放"，就拿生活用电来说，就有很多意想不到的"碳排放"。

2.课件出示家庭用电碳排放量的计算公式。家庭用电二氧化碳排放量计算：耗电度数 × 0.785 =（ ）千克。

3.学生分别回答家庭一个月用电的碳排放量。

4.以小组为单位，计算一个月家庭用电的碳排放量，完成后将小组成员家庭碳排放总量写在黑板上。

5.应用希沃视频展台，教师计算班级同学一个月家庭用电的碳排放总量。

6.你知道这个数据是多少吗？以我们的教室为例，一个教室大约可以容纳550千克的碳排放量。那我们一个班级同学家里一个月的用电的碳排放量就可以装满（ ）个教室，那我们全校21个班级学生家庭所产生的碳排放量又需要（ ）个教室才能装得下呢？时间若为一年呢？我们小区里所有家庭一年用电碳排放量是多少呢？全市一年用电的碳排放量是多少呢？（教师用计算器演算数据并写在黑板上）

7.看了这些数据，你想说什么？

8.过渡：生活用电的碳排放量那么大，地球的温室效应正在不断地加剧。

（设计意图：学生分别以小组、班级为单位计算一个家庭一个月用电所产生的碳排放量，通过用孩子们熟悉的教室来直观感受用电所产生的大量碳排放。)

二、被我们忽视的碳排放

1.导语：用电会产生那么多碳排放，生活中，我们在吃、穿、用、行等方面也会有碳排放。接下来，我们请小组汇报课前搜集的资料。

2.汇报预设：

（1）用：展示统计图，并汇报家庭一个月用水产生的碳排放。

（2）吃：

①用文字资料汇报蔬菜、水果运输过程中产生的碳排放。

②用思维导图汇报生产一个可乐瓶产生的碳排放。

（3）行：汇报汽车行驶产生的碳排放。

（4）穿：用视频展示生产一件T恤产生的碳排放。

3.小结：我们生活中的吃、穿、用、行等都会产生碳排放，地球的温室效应越来越严重，我们应该低碳生活每一天。

（设计意图：学生通过课前资料搜集，以小组汇报的形式，展示了在吃、穿、用、行等方面所产生的被我们忽视的碳排放。这让我们意识到我们身边的碳排放问题的严重性，大量温室气体的排放，加剧了地球的温室效应。)

三、说说我们的"低碳经"

1.导语：同学们，你们都有什么"低碳经"呢？大家课前进行了资料搜集，还制作了电子低碳小卡片，请先在小组内进行交流。

2.学生展示自己制作的电子低碳小卡片。

3.小结：这么多"低碳经"，你会向家人推荐哪些呢？

4.总结：今天我们学了那么多"低碳经"，希望我们今后牢记这些"低碳经"并运用在生活中。

5.过渡：可是在生活中，有些碳排放是不可避免的，有什么碳补偿方法吗？

（设计意图：让学生通过应用信息技术制作电子低碳小卡片，辅助小组进行"低碳经"的交流、班级"低碳经"的展示和汇报，引导学生在日常生活中采取切实可行的措施来减少碳排放。）

四、积极践行碳补偿行动

1.出示：一棵树每天大约可以吸收0.74千克碳，一年大约可以吸收270千克碳。

2.我们的生活中就有这样的碳补偿活动，小组交流，班级展示。

3.正因为我们全校师生积极参与碳补偿活动，我们的校园才会处处有绿意。

（设计意图：学生通过寻找身边的绿植，了解植树是最好的碳补偿活动。生活中的低碳行为能保护环境。只有每个人自愿过绿色低碳生活，才能真正实现人与自然和谐共生。）

五、课后作业

总结一下生活中可以通过哪些方式减少"碳排放"，并在生活中行动起来。

第二节　相关教学研究

一、运用教研工作室平台促进专业发展

小学道德与法治教研工作室是教师专业发展的重要平台，在促进教师专业发展方面起到了重要作用。它为教师提供了交流、合作和学习的机会，促进了教师在教学方法、课程内容和教学资源等方面的专业发展。

1.交流与分享

教师在教研工作室中可以交流和分享教学经验、教学方法和教学资源，相互借鉴，从而不断提高教学水平。小学道德与法治教研工作室的交流与分享工作是非常重要的，它为教师提供了一个相互交流和学习的平台，促进了教师的专业发展和教学水平的提升。以下是在道德与法治教研工作室中进行交流与分享的一些具体方式。

教学经验分享会。定期组织教学经验分享会，让工作室的教师分享自己在道德与法治教学中的成功经验、教学案例和教学创新。

建立共享资源库。教师可以将自己制作的优质教案、课件、教学视频等分享到资源库，供其他教师参考使用。

举办主题讨论会。围绕特定主题或热点问题，组织讨论活动，让教师针对同一问题展开深入探讨和交流，促进思想碰撞和理念升华。

分享教学心得。鼓励教师撰写教学心得、教学感悟和教学反思，将这些分享在工作室内部的网站或微信群等平台上。

教学展示与演示。定期组织教学展示与演示活动，教师可以展示自己的优秀课例，进行现场教学演示，获得其他教师的反馈和建议。

组建学习小组。根据教师的兴趣和需求，组建学习小组，共同学习和研究教育理论、教学方法等内容。

邀请专家举办讲座。定期邀请教育专家、学科专家等来工作室开展讲座和培训，分享最新的教育研究成果和教学方法。

组织教师交流沙龙。不定期组织教师交流沙龙活动，教师在轻松愉快的氛围中进行交流和互动，增进教师之间的友谊和合作。

通过这些交流与分享的方式，小学道德与法治教研工作室可以逐渐成长为一个蓬勃发展的学习型团队，促进教师之间的互相学习、互相帮助，共同推动道德与法治教育水平不断提升。

2.研讨与探讨

研讨与探讨是道德与法治教研工作室的重要活动之一，通过组织研讨会、讲座和专题讨论会，教师可以深入研究教育理论和教学实践，推动教学改革和创新，促进教师专业发展。具体而言，工作室的研讨与探讨的活动包括以下方面。

专家讲座。邀请教育学、心理学、法学等领域的专家来工作室举办讲座，分享最新的研究成果和教育理念。教师可以从专家的讲解中获取新的思路和教学方法。

教学研讨会。组织小组研讨会，让教师就特定的教学问题或课题进行深入探讨。通过研讨的形式共同解决教学中遇到的难题，分享解决方法。

教学案例分享。教师可以分享自己在教学中的优秀案例和成功经验，与其他教师进行交流和互动，共同进步。

课堂观摩。组织教师进行课堂观摩，相互学习和借鉴优秀教学方法，拓展教学思路。

教育政策解读。了解最新的教育政策和法规，研究其对教学的影响和应对措施。

教学资源分享。分享优质的教学资源和教具，提高教学效率。

通过这些研讨与探讨的活动，道德与法治教研工作室可以不断丰富教师的教学知识，提升其教学技能，提升教学质量和水平。同时，教师之间的交流和互动也有助于形成良好的合作氛围，推动教学改革和创新，为学生提供更优质的道德与法治教育。

3.合作与协作

合作与协作是道德与法治教研工作室的重要特点之一，它为教师提供了一个团队合作的平台，促进教师之间的交流、互助和共同进步。合作与协作需要团队精神，教研工作室的成员可以形成一个紧密的学习团队，共同追求教学的卓越，培养教师的团队精神。

进行共同研究。教师可以一起研究教育理论和教学方法，共同探讨教学中的难题，寻找最佳解决方案。

共建教学资源库。教师可以共同建设教学资源库，在资源库中分享教学设计、教案、教学资料等，提高教学效率。在这个过程中工作室成员之间可以相互支持、鼓励和帮助，共同克服教学中的困难，提高教学质量。

重视教学互动。教研工作室可以组织教师之间的教学观摩和互动交流，让教师能够学习借鉴优秀教学案例，提高教学水平。在这个过程中工作室成员之间互帮互助，互相分享教学经验和心得，共同成长和进步。

深入合作研究。教师可以联合进行教育研究，共同参与课题研究和教学实验，推动教学改革和创新。

通过合作与协作，道德与法治教研工作室逐渐成为一个互相学习、互相帮助的学习社群。教师在工作室中共同进步，共同提高教学水平，学生也因此可以获得更优质的教育服务和教学资源。此外，教研工作室还有助于提高学校的教学质量和整体教学水平，形成学校教学的共同价值观和理念。

4.教学反思与提升

教学反思是道德与法治教研工作室工作开展中非常重要的环节，它是教师专业发展的关键之一。在工作室中，教师可以进行教学反思，对自己的教学进行评估和提升。通过教学反思，教师可以深入思考自己的教学实践，对教学进行评估，发现问题和不足，并不断优化教学设计和教学实践，以提高教学质量和教学效果。教学反思的具体内容和方法包括以下方面。

教学观摩。教师可以通过观摩其他教师的课堂教学，借鉴他们的优点和成功经验，同时通过对比发现自己教学中的不足之处。

学生反馈。教师可以收集学生的反馈意见和建议，了解学生对教学的感受和意见，从而对教学进行调整和改进。

教学日志。教师可以定期撰写教学日志，记录教学中的思考、感悟和反思，形成教学经验的积累。

教学评估。教师可以利用各种评估工具和方法对教学进行全面评估，包括学生学习成绩、学习态度、教学效果等方面。

同行评议。教师可以与同行进行互相评议，互相提出意见和建议，促进教学质量的提升。

教学改进。根据教学反思和评估结果，教师可以制订改进计划，不断优化教学设计和教学实践，提升教学效果。

通过教学反思，教师可以更加深入地认识自己的教学，发现自己的不足，增强教学自信，提升教学效果。同时，教学反思还可以促进教师之间的交流和合作，共同推动教学水平的提升。教研工作室可以为教师提供一个安全的环境，让教师坦诚分享自己的教学反思和经验，互相学习，相互支持，共同进步。

5. 专业培训与学习

邀请专家进行培训和讲座是小学道德与法治教研工作室工作开展中采取的一项重要举措。工作室可以邀请专家开展培训和讲座，帮助教师更新知识和提升专业素养。专家的参与可以为教师提供更权威的知识、更先进的理念和更实用的教学方法，帮助教师更新知识和提升专业素养。以下是一些具体的实施方式。

专家讲座。工作室可以邀请道德与法治教育领域的专家来举办讲座，分享他们的研究成果、教学经验和教学观点。这些讲座可以涉及道德与法治教育的理论与实践、教育法规政策等内容。

培训课程。专家可以为工作室的教师提供培训课程，包括教学设计、课程开发、教学评估等方面的培训，帮助教师提高教学能力和教学水平。

座谈交流。工作室可以组织专家与教师进行座谈交流，让教师提出问题和困惑，专家给予指导和解答，实现互动式学习。

教学示范。专家可以进行教学示范，展示优秀的教学课例，帮助教师了解实际应用。

教学评估。专家可以对教师的教学进行评估和指导，提供宝贵的意见和建议。

通过邀请专家开展培训和讲座，教研工作室可以为教师提供全方位、多角度的教学支持，帮助教师不断更新知识，提高专业素养，增进对道德与法治教育的理解和认识。这种专家参与的方式不仅可以提高教师的教学水平，也有助于推动整个工作室的发展和壮大。

6.教材研发与改进

道德与法治教研工作室可以组织教师进行教材研发和改进，确保教材内容与教学实际相符合。工作室可以通过以下方式组织教师进行教材研发和改进，如组织教师对现有的教材进行评估，收集教师和学生的反馈意见，了解教材的优缺点；鼓励教师之间进行合作研发，组成教材研发小组，共同参与教材的编写和改进；结合学校的教学实际情况，对教材进行定制，使其更符合学校的教学需求；定期组织教材研究会，让教师分享教材研发的心得和经验，共同探讨教材的改进方向；邀请多位教师对比不同版本的教材，进行比较和讨论，从中选择最适合的教材内容；根据最新的社会发展和法治教育要求，对教材内容进行补充和更新；将改进后的教材内容运用到教学中，观察学生的学习效果和反馈，进一步优化教材设计；开展新编写或改进的教材的相关培训，确保教师熟悉并正确运用教材。

通过以上方法，小学道德与法治教研工作室可以不断优化教材内容，使其更贴近教学实际和学生的需求，提高教学质量和教学效果。教师在教材研发和改进过程中的参与，也将加深他们对教材的认识和理解，提高其对教材的适应性和灵活运用能力。

7.教学资源共享

在小学道德与法治教研工作室中，教师共享优质的教学资源和教案是非常重要的。这有助于提高教学效率和质量，促进教师之间的互相学习和交流。实现共享优质教学资源和教案的具体方式如下。

建立资源库。工作室可以建立一个共享的教学资源库，将教师精心准备的教学资源和教案整理归档，方便其他教师查阅和使用。

在线平台。利用现代化的在线平台，例如教育部门提供的教学资源共享平台、工作室内部的网站或社交媒体群组等，方便教师之间进行资源共享。

教学交流会。工作室可以定期组织教学交流会，让教师展示自己的教学案例和资源，进行分享和交流。

教学设计分享。教师在制订新的教学计划时，可以主动将教案和教学资源分享给其他教师，听取他们的意见和建议。

合作编写。教师可以联合编写教案和教学资源，将不同教师的优势融合在一起，形成更加丰富和优质的教学资源。

教学反馈。教师在使用他人共享的教学资源后，可以给予反馈和建议，帮助完善教学资源。

共享优质教学资源和教案有助于提高教师的教学效率，减轻教师的备课负担，同时也提升了教学质量。在工作室中共享资源还能够促进教师之间的交流和合作，形成良好的学习氛围和学习文化。这种共享精神有利于教师个体和整个工作室的专业发展和成长。

通过道德与法治教研工作室平台，教师可以不断更新教学理念、掌握最新的教育理论和方法，提升专业水平，为学生提供更优质的教育教学服务。同时，工作室也有助于建立学习型教师团队，促进教师个体和学校整体教学的全面发展。

二、开展课题研究

1. 课题研究的多重意义

开展小学道德与法治教学课题研究具有多重意义。从教学角度来说，小学道德与法治教学开展课题研究的意义在于提高教学质量，推动教学创新，个性化教学，促进学科交叉融合，推动开展教研活动，以及促进教育改革。这些方面的努力将有助于培养学生的道德意识、法治观念，提升他们的综合素养，为他们未来的发展和提升社会责任感奠定坚实的基础。

提高教学质量。开展课题研究可以促使教师深入思考、总结和分析教学实践中面临的问题和挑战。通过研究课题，教师可以不断改进教学方法和策略，提高教学质量和效果，从而更好地传授道德与法治知识。

推动教学创新。课题研究鼓励教师探索新的教学内容和方式，创新教学设计，使道德与法治教学更加生动有趣、贴近学生的实际生活和认知水平。这有助于激发学生学习的兴趣，提高他们的学习积极性。

利于个性化教学。通过课题研究，教师可以更好地了解学生的差异性和学习需求，针对不同学生的特点进行个性化教学。这有助于促进每个学生的全面发展，提高教学针对性和效果。

促进学科交叉融合。道德与法治教学可以与其他学科，例如语文、历史、历史与社会等学科进行交叉融合。开展课题研究可以探索不同学科之间的联系和交互，丰富学生的知识面，提升其综合素养。

推动开展教研活动。课题研究鼓励教师多参与教研活动，共同探讨教学问题和解决方案。这有利于教师之间的经验交流和合作，形成教学共识，提升整个学校的教学水平。

促进教育改革。通过课题研究，可以发现教育教学中的问题和瓶颈，为教育改革提供有益的建议和借鉴。在道德与法治教育领域，这也有助于探索更加适合当代社会和学生需要的教育模式和内容。

从学生角度来说，开展小学道德与法治课程课题研究可以培养学生正确的道德观念和价值观，培养法治意识，提升公民素质，培养问题解决的能力，以及促进家校合作，对于社会的发展和进步具有积极而深远的影响。

培养道德观念和价值观。小学道德与法治课程课题研究的开展可以帮助学生树立正确的道德观念和价值观，培养良好的品德和道德品质。通过学习相关的知识和案例，学生可以更好地理解什么是对与错，如何做一个负责任的公民，以及如何对他人和社会产生积极的影响。

培养法治意识。法治是现代社会的基本原则之一，培养学生的法治意识是非常重要的。通过小学道德与法治课程课题研究，学生可以了解法律的作用、重要性以及法律对社会和个人的意义。这将帮助他们遵守法律、尊重法律并在日常生活中养成守法的习惯。

提升公民素质。公民素质是公民应具备的基本品质和素养，涉及社会责任感、民主意识、法律意识等方面。小学道德与法治课程课题研究可以培养学生的公民素质，让他们成为有社会责任感、尊重他人权利、积极参与社会事务的公民。

培养问题解决的能力。小学道德与法治课程课题研究通常会涉及一些实际案例和道德困境，学生通过讨论和解决这些问题，可以培养问题解决能力和决策能力。这对于他们未来面对各种情况作出明智的判断和选择有很大帮助。

促进家校合作。开展小学道德与法治课程课题研究需要家长、学校和社会的共同参与，有效促进了家校合作机制的完善与深化。家长、学校和社会共同致力于培养学生的道德与法治意识，更有利于学生全面发展。

2. 课题研究的方向和内容

　　小学道德与法治课题研究的方向和内容涵盖了教学方法与策略、教材与资源开发、学生道德发展、法律教育与法治观念、道德与法治教育评价、道德发展的影响因素等多个方面。这些研究将有助于更好地开展小学道德与法治教育，引导学生树立正确的价值观、法治观念和社会责任感。

　　教学方法与策略研究。通过探讨小学道德与法治教学中不同教学方法和策略的有效性和适用性，比较不同方法和策略对学生学习成效和态度的影响，以找到更好的教学方式。

　　教材与资源开发研究。研究开发适合小学生的道德与法治教材和资源，设计生动有趣的案例、故事和活动，使道德与法治知识更易于被学生理解和接受。

　　学生道德发展研究。了解小学阶段学生的道德发展特点，探究他们对道德问题的认知和态度变化，为针对不同年龄段学生的教学提供依据。

　　法律教育与法治观念研究。了解小学生对法律的认知和理解程度，探讨如何以简单易懂的方式教授法律知识，并培养他们正确的法治观念。

　　道德与法治教育评价研究。设计有效的评价方法，测量小学生在道德与法治教育方面的学习成果和发展情况，为教学质量和效果的改进提供依据。

　　家庭、学校与社会因素对道德发展的影响。研究家庭、学校和社会因素对小学生道德发展的影响，探讨如何在多重影响下培养学生正确的价值观和良好品德。

　　道德教育与人格培养。探讨道德教育如何促进学生的品德和人格发展，研究道德教育在培养学生积极品质和社会责任感方面的作用。

　　小学生法律意识和权益保护。研究小学生的法律意识水平，教授他们基本的法律知识和权益保护技巧，让他们在面对可能涉及法律的问题时能够自我保护。

道德与法治教育与社会问题。探讨道德与法治教育与当前社会问题的关系，如欺凌、网络安全、环保等，研究如何通过教育解决这些问题。

3. 课题研究的方法和策略

开展小学道德与法治课题研究时，可以采用以下多种方法与策略来搜集数据、分析问题和得出结论。

文献综述。通过查阅相关的书籍、学术期刊、报纸、政府文件等，对该领域的研究现状、理论观点和实践经验进行综述和总结，为研究问题提供背景和理论支持。

问卷调查。设计适合小学生的问卷调查，了解他们对道德与法治问题的认知、态度和行为，从而获得大量数据用于统计分析和比较研究。

实地考察。到学校进行实地考察，观察教师的教学实践和学生的学习情况，了解道德与法治教学的现状、问题和优势。

访谈。对学生、教师、家长等相关人士进行深入访谈，获取他们的观点、经验和建议，了解他们在道德与法治教育中的看法和体验。

教学实验。设计合理的实验课程或教学活动，通过数据对比不同教学方法和策略的效果。

案例分析。选择一些典型的道德与法治案例，进行深入分析，从中总结经验教训，为教学提供借鉴和参考。

历史比较。对不同时期、地区或社会群体的道德与法治教育进行比较研究，探讨历史背景和文化因素对小学生道德观念和法治意识的影响。

评价方法研究。设计合适的评价方法，对小学生的道德发展和法治意识进行评估，了解教育效果和改进方向。

课程开发与改进。基于研究成果，开发适合小学生的道德与法治课程，不断改进教学内容和方法，以提高教学质量。

统计分析。采用适当的统计方法对搜集到的数据进行分析，得出结论并提出建议。

通过运用上述方法与策略，可以全面深入地研究小学道德与法治教育，为提高教育质量和培养学生良好品德提供有效的指导和支持。

4. 认真组织好开题、中期、结题等相关活动

（1）开题。

小学道德与法治课题研究的开题活动是研究项目正式启动的一个重要环节，旨在介绍研究课题、明确研究目标、阐述研究思路和计划，并征求各方意见和建议。关于开题，需要准备一份开题报告，内容应包括研究背景、意义、研究目标、研究问题、研究方法、预期成果和应用价值等。确保报告内容简明扼要，重点突出研究的创新性和实用性。介绍研究背景，介绍研究内容的重要性和现状，引起参与者的兴趣，让大家了解选择这个课题进行研究的原因。需要明确研究的目标和具体问题，确保参与者对研究方向有清晰的认识，并理解该课题研究的核心内容。要详细阐述研究所采用的研究方法和步骤，包括数据搜集方法、样本选择、数据分析等。展示研究计划的合理性和可行性，阐述预期成果与应用价值，强调研究的预期成果和应用价值，说明研究结果对研究内容相关实践和改进的意义。在开题活动中，与参与者进行互动，征求他们的意见和建议。组织讨论环节，让大家对研究课题进行深入探讨。在开题会上申请人要介绍研究团队的成员及其专业背景，说明团队成员在该领域的研究经验和能力，并展示辅助资料，如果有相关的图表、数据或案例，可以在开题活动中展示，以支持研究课题的论证和说明；也要说明时间与预算，介绍研究的时间安排和资源预算，确保研究工作的顺利进行。最后进行总结，感谢参与者的支持，鼓励大家对研究项目进行积极的反馈。通过开题活动，可以向各方展示研究课题的重要性和意义，征求各方的意见和建议，进一步完善研究方案，为研究项目的顺利进行奠定良好的基础。

（2）中期报告。

组织中期报告会是评估研究进展、解决问题和征求意见的重要环节。在组织中期报告会前要确定报告会时间和地点，并通知相关参与者，确保他们能够准时参加。组织中期报告会时应邀请相关的教师、学生、家长及其他专家或相关人士参加，确保涵盖对该课题感兴趣的各方。在会前准备中期报告，详细的中期报告内容应包括研究进展、已完成的研究工作、遇到的问题和困难，以及解决问题的计划和方法。在报告中，首先要回顾研究的背景和目标，然后重点介绍研究的进展和初步成果。阐述已经完成的研究阶段，介绍所搜集的数据和分析结果。同时，展示研究所采用的方法和步骤，确保参与者对研究过程有清晰的了解。此外，还应安排问题与讨论环节，鼓励参与者提出问题、意见和建议。与参与者进行充分的交流，解答他们的疑问，倾听他们的反馈。有相关的案例或实践经验，可以在报告会中进行分享，这有助于增加报告会的实用性和提升相关人员的参与度。安排专人负责整理报告会的会议记录，包括参与者提出的问题和讨论的内容，确保记录的准确性和完整性。在报告会结束时，向参与者表示感谢，感谢他们的参与和支持。同时进行简要总结，指出下一步的工作计划和重点。中期报告会需要后续跟进，根据报告会的反馈和建议，对研究计划进行适当调整，并继续推进研究工作，确保后续研究工作的顺利进行。通过组织中期报告会，可以及时了解研究进展，解决问题，征求各方意见，为研究项目的顺利进行提供有益的指导和支持。同时，也有助于加强与参与者之间的交流与合作，提高研究的质量和效果。

小学道德与法治课程全面地促进学生的道德素养、法治观念、社会责任感等方面的发展，不仅有助于学生个人的全面发展，还对社会和国家的发展具有重要影响。有助于培养学生正确的价值观，帮助他们形成积极向上、宽容友善、道德正直的人生观和价值观。课程引导学生理解法律的重要性，培养他们尊重法律、遵守法律、维护法律的法治观念。

培养学生的社会责任感，让他们关注社会问题，愿意为社会发展和和谐作出贡献。培养学生的合作、宽容、分享等品质，有助于他们建立良好的人际关系，进而有利于形成友善的社会环境。培养学生的创新思维和提升其批判思维、解决问题的能力，帮助他们在道德和法治领域更加理性和深入地思考。能够发展学生自信心、自尊心，促进全面的自我成长，使学生了解国家法律制度、法律文化，促进法治观念的传承和发展。核心素养强调社会责任感的培养，对塑造正确价值观、培养法治观念、提升社会责任感、预防不良行为等具有重要意义，能够使学生更加关注社会问题、参与社会活动，为社会的发展和和谐作出贡献，为学生成长为合格的社会主义建设者和接班人、为社会和谐以及国家的发展做积极贡献。

附 录

省级教育科学规划项目"小学道德与法治课程与家庭教育有效整合的实践研究"中期报告

一、前期研究综述

《国家教育事业发展"十三五"规划》指出要全面落实立德树人根本任务，充分发挥品德课、思想政治理论课主渠道作用，深入挖掘课程教材的育人作用，系统推进课程改革，推动中国特色社会主义理论体系进教材、进课堂、进头脑，大力加强社会主义核心价值体系教育，培育学生的良好品德、创新精神和实践能力。2004年2月26日，中共中央、国务院在《关于进一步加强和改进未成年人思想道德建设的若干意见》中指出："家庭教育在未成年人思想道德建设中具有特殊重要的作用。要把家庭教育与社会教育、学校教育紧密结合起来。各级妇联组织、教育行政部门和中小学校要切实担负起指导和推进家庭教育的责任。"

（一）国内外研究现状综述

从国内相关研究中可以看出：学界对于学校教育与家庭教育的配合在认识上是有共识的，现有的研究更多的是涉及理论层面以及学校教育与家庭教育合作的具体实施，对于学校课程与家庭教育的关系也多是从社会学的角度进行研究的。其中肖强博士的研究较为深入，在研究思路和方法上对本研究有着很好的借鉴和指导意义，但是其所选取的高中思想政治课程的价值取向主要是建立在社会本位基础上的我国主流意识形态的价值取向，极少涉及以人为本的价值取向。因此，其关于家庭教育价值取向可比性和以此为维度编制的家庭教育价值取向调查问卷的合理性值得斟酌；此外，其研究忽视了学生的年龄特点。在国内相关研究中，关于统筹小学道德与法治课程内容、组织形式、教学资源，以这门课程作为突破口，寻找学校道德与法治课程与家庭教育有效整合的方法、策略和途径，目前几乎没有特别典型的做法和有价值的经验供参考。

综上所述，学界对我国家庭教育的问题及原因进行研究，主要是从社会、家庭两方面来探究的。具体而言，家长的个人观念、家庭的教育水平、现行的教育制度，以及社会对家庭教育的支持等是学者关注的重点。而随着经济快速的发展，新的社会环境给家庭教育带来的新型挑战也值得我们关注。通过以上对我国家庭教育文献的综述可以看出，该问题已逐渐成为近些年来研究的热点问题。一些学者在该领域的研究中作出了卓越的贡献，提出了深刻的观点，亦为未来研究打下了坚实的基础。然而，现有研究还存在着一些不足。首先，研究论题缺乏系统性，研究逻辑性有待增强。现有关于家庭教育的研究系统性较弱，很少有学者从不同视角对该问题进行细致的研究，多数研究只关注家庭教育中的一个或几个领域。如亲子关系等是学者的研究重点，然而有关家庭教育的问题、教育方法等研究较少。其次，现有研究过于抽象化、宽泛化。有关家庭教育的研究多数是在思想品德教育研究的大框架下，较少有研究根据教育对象的特征（如年龄等）进行分类，对家庭教育进行较为精细化的探索。最后，现有研究多为理论性研究，实证研究不多。然而社会科学理论研究的重要意义在于指导实践。需要在实践中进行科学实证研究才可能在验证理论的同时，对理论进行进一步的深化，以及对理论应用的边界进行有效甄别。因此，未来研究应在这一方面有所加强。

关于学校课程与家庭教育整合的相关研究并不多见，笔者在"中国期刊全文数据库"中以"课程与家庭教育"为关键词进行检索发现与此课题有关的研究仅寥寥数篇。

（二）研究目标

本课题研究的主要目标是在教学一线进行课程实验和改革的尝试，将小学道德与法治课程与家庭教育进行有机整合，改变小学道德与法治课程教学过程中口头说教过多及组织活动形式主义等低效性状况，通过课程实施落实国家课改目标，培养学生的爱国主义、集体主义精神，引导学生养成良好的学习和行为习惯，加强革命传统教育和法治教育，培养社会主义核心价值观，培育具有未来社会竞争力的学生。引领家庭教育，提高家长层面对于教育的认识，转变家庭教育价值取向。

（三）总体框架

（1）小学道德与法治课程与家庭教育内容整合的研究。

（2）小学道德与法治课程与家庭教育整合途径和方法的研究。

（3）小学道德与法治课程与家庭课程资源整合。

（4）小学道德与法治课程与家庭教育整合评价方式的研究。

（四）研究主要内容、重点难点

本课题研究小学道德与法治课程与家庭教育有效整合，主要有八项具体内容，包括社会主义价值观教育、伦理道德教育、法律法规教育、传统美德教育（勤俭节约、艰苦奋斗、忠孝）、礼仪礼貌教育、诚信教育、感恩教育和规则责任教育等。

本课题研究的重点是小学道德与法治课程与家庭教育有效整合的内容、方式和评价。

本课题研究的难点是逐步推进小学道德与法治课程教学与家庭教育有效整合，优化教学活动目标定位和组织形式，整合家庭教育资源，探索家校有效合作的方法、策略和途径，结合教学实践开展小学道德与法治课程整合主题活动、项目学习探究，在实践中改进教师的教，优化学生的学，促进教师教学方法和学生学习方式的更新，高效达成小学道德与法治课程目标，提高家校合作教育实效。

（五）研究思路

本课题采用理论和实践相结合的研究方式，通过专家组理论引领，组织课题组成员参加各级各类、各种形式的培训学习活动，提高课题组成员的理论水平和能力；在小学道德与法治课程教学与家庭教育整合实施的过程中，结合相关的内容落实和达成目标，在教学实践中通过改革教学方式、方法和策略，进行课程教学与家庭教育整合的理论和实践研究，不断总结反思归纳，优化课堂结构，尝试主题活动和项目学习的教学形式，利用各种校内外、人文和社会资源，提高道德与法治课程实施的有效性，培养小学生良好品德和行为习惯，形成课题研究成果。该课题研究的覆盖面较广，并将对培育学生讲道德守法律、进行课程教学与家庭教育整合改革实验、提高小学道德与法治课程教学效果产生良性影响，研究的成果可供其他学校教师参考。

（六）研究方法

行动研究法、案例研究法、实践研究法。

（七）措施步骤

制定并实施课题研究的规章制度，如学习制度、会议制度、课题研究活动参加制度、材料上报制度等，明确课题研究组成员的课题研究任务、要求和考核办法，保障课题研究活动正常有序高效地开展。根据课题研究方案安排，通过线上线下多种方式，按课题研究总体计划分步实施。

二、中期报告

（一）研究工作主要进展和研究过程

1.制订第一阶段研究计划

第一阶段的课题研究主要有三方面，一是小学道德与法治课程目标与家庭教育内容整合，主要研究小学道德与法治课程中教学活动与家庭教育的整合，教学目标在教学活动中的具体呈现和落实，这部分研究重点是小学道德与法治课程教学活动与家庭教育相结合的内容梳理和探究，定位相关内容的教学目标，与家庭教育目标统整。具体的研究是将小学道德与法治课程各年级、每单元、每课教学设计目标中的可与家庭教育相结合的内容显性呈现。二是小学道德与法治课程与家庭教育整合途径和方法的研究，主要是结合教学实践探究小学道德与法治课程教学与家庭教育整合的方法、策略和途径，进行小学道德与法治课程与家庭教育整合的主题式综合实践和项目式学习活动的实验探索。三是小学道德与法治课程教学活动与家庭课程资源整合，主要是关注课程教学的生活化、实践性和现代意识，提高小学道德与法治课程教学活动和家庭教育的实效性。

在课题研究过程中，注重加强小学道德与法治课程实施与家庭教育联系的实践研究。本着共同负责、共同教育的观念，不断加强与小学生家庭联系，加强与家庭的合作，解决家庭教育问题，协助家长建立明确的以思想品德教育为核心的教育观，以培养具有高尚道德情操的社会主义建设者和接班人为共同目标。加强学校与家长沟通的双向性，给予家长更多的机会与老师接触，详细了解孩子在校各方面的情况。在学校与家庭进行各种交流反馈的过程中，指导家庭应用合理科学的教育方法对小学生进行思想品德教育工作。研究通过教师电话访问、家庭访问、网络平台交流、举办关于品德方面"家长座谈会"、家教读书沙龙、家教经验分享会等形式多样的活动，教师与家长从多角度、多方面了解学生的思想状况、品德行为，加强教师与家长关于教育理念、教育内容、教育方法等的相互交流、沟通，使家庭教育成为小学道德与法治课程教学的有效配合和补充，提高家长自身的素质，帮助家长获取更科学、先进的教育理念与教育方法，提高家庭教育实效。

研究开展多种多样的思想品德实践活动以促进小学道德与法治课程与家庭教育的整合。在学校开展多样的实践活动，将小学道德与法治教学与日常生活接轨。有目的地开展一系列思想品德实践活动，将小学道德与法治课程内容转化为学生内在的思想德行，提升学生对现实问题的辨别能力与解决能力。教师在此过程中与家长沟通，共同为孩子制订合理有效的教育计划，使得小学道德与法治课程教学真正与家庭教育相结合，共同为孩子的身心发展而努力。在道德与法治课程实施过程中，为小学生参与社会实践创造机会。对小学生思想品德的教育不能仅依赖于课堂，还应扩展到家庭及社会实践过程中，生动、真实的体验有助于培养孩子正确的世界观、人生观与价值观。

2.组织召开课题开题会

项目组在合肥市屯溪路小学举行开题论证会。此项课题第一负责人安徽省教科院季文华老师，合肥市教科院和包河区教体局专家领导及课题组相关成员参加了会议。

会议上季文华老师宣读课题立项通知并就课题的选题深意作出说明，课题负责人胡召霞老师向大家介绍课题前期准备工作、研究主要内容、研究方法、组织分工、研究进度及预期研究成果等。课题专家组对于该课题研究的科学性和可行性进行了分析和评议，对课题研究过程中可能出现的问题和困难进行了有效的指导。相关领导肯定了课题的理论意义和现实意义，指出要以课题研究的内容、目标和方法为重点，扎扎实实开展好相关研究工作。戴厚文老师从课程和家教方面提出了建设意见并表示对于该课题的研究工作充满信心。

3.建立研究组织，明确制度分工

建立省课题研究组织，定期召开全体课题组成员会议，建设课题研究制度，安排阶段性研究内容、进程、任务分工。多次组织召开课题研究集中会议，对于课题研究工作进行扎实有效的讨论，制订活动计划，明确分工，团队合作。

4.组织网上问卷调查

在课题研究第一阶段，组织开展了网上调查活动。通过集中会议逐条讨论调查问卷之学生卷和家长卷的内容，科学合理地调查安徽省合肥市相关课题实验学校教师教学中对于小学道德与法治课程教学与家庭教育整合和课改现状的认识，对问卷调查的数据进行分析梳理，了解家长对于学校道德与法治课程方面的目标期望，掌握学生品德方面现状，从而更科学有效地调整课题研究的方向和内容。

安徽省小学道德与法治课程与家庭教育有效整合课题调查问卷1

（家长卷1）

区域：　　市　　县/区　　学校：＿＿＿＿＿　年级：＿＿＿＿＿

家长：

您好！以下是帮助学生养成良好品行相关问题的调查，对问题的答案选择与回答无对与错之分，希望您能根据实际情况作真实的回答，谢谢合作！

1.在实际生活中，您对于孩子哪方面教育投入的精力更多？（　　）

A.学习　　　B.良好品德和行为习惯养成　　　C.个性特长　　　D.其他

2.您获得家教知识的渠道有哪些？（　　　）（可多选）

A.书报　　　B.网络　　　C.学校老师　　　D.同伴交流　　　E.其他

3.您陪伴孩子的方式有哪些？（　　　）（可多选）

A.阅读　　　B.游戏　　　C.锻炼　　　D.检查作业，督促学习

E.旅游　　　F.其他

4.您每天陪伴孩子的时间大约是（　　　）。

A.2小时以上　　　B.1—2小时　　　C.1小时以内　　　D.基本没有

5.您是否送孩子参加校外辅导班？主要是哪方面的辅导？（　　　）

A.是，文化辅导　　　B.是，特长辅导

C.是，文化和特长辅导　　　D.没参加

6.你对目前孩子班级的家校合作情况满意吗？（　　　）

A.满意　　　B.比较满意　　　C.一般　　　D.不满意

7.您认为家校合作的哪些组织形式比较好？（　　　）（可多选）

A.家长学校　　　B.家长进课堂　　　C.网上交流　　　D.其他

8.对于孩子良好品行的养成，您认为哪方面较为重要？（　　　）（可多选）

A.日常学习和行为习惯　　　B.规则与法治意识　　　C.家国情怀

D.生命安全　　　E.责任意识　　　F.诚信　　　G.其他

9.对于提高家校合作实效性，您希望加强哪些方面的工作？（　　　）（可多选）

A.有效沟通　　　B.家庭教育策略引导

C.实施家长学校系统课程　　　D.家长会　　　E.其他

10.您在教育孩子过程中有没有出现过焦虑情绪？焦虑的原因是

什么？您是怎样处理的？

_____

_____

5.加强学习

积极开展与课题研究内容和技术相关的学习活动，通过自学和集中学习，提高课题组成员的教研理论水平。课题负责人省教科院季文华老师、市教科院课题负责人方惠老师等专家给教师进行了集中培训指导。给课题组成员发放德育方面的书籍，用于自学和集中学习。每位课题组成员完成学习笔记，通过各种形式交流课题研究心得。

6.组织开展丰富多彩的课题研究活动

课题组多次召开集中会议，科学组织了多种形式的相关课题研究活动，安排了寒假统编版《道德与法治》一年级下册第三、四单元集体备课活动；多次组织了小学道德与法治课程与家庭教育内容整合的集中讨论会；合肥市屯溪路小学、合肥市凤凰城小学、合肥市园上园小学等课题实验小学组织了以年级组为单位的主题家校论坛、家长进课堂、家长学校讨论会、家长开放日等活动，与课题研究内容融合，有效推进课题研究工作的开展。

7.在研究中总结经验

每位课题组成员紧扣所在小组的研究主题，独立完成小学道德与法治课程整合与家庭教育整合方面的教学设计、教学案例、教学反思、教学论文等，组织集中交流、讨论、学习。

（二）课题研究下一阶段实施计划

（1）第二阶段工作计划安排。集中组织召开全体课题组成员会议，交流第一阶段课题研究中的得失及需要调整的内容，制订第二阶段的研究计划，明确阶段性重点研究目标。

（2）专家中期指导。请专家到校对于该课题研究过程中遇到的困难进行答疑解惑。

（3）进行案例课例研究。提炼关于小学道德与法治课程教学与家庭教育的课堂内整合、课堂间整合、资源整合、整合评价等方面的理论经验，总结实践中好的做法、成功的案例和课例。

（4）经常性组织课题组主要成员参加各级课题研究学习活动。

（5）总结理论和实践经验。深入进行课程整合理论学习和总结反思，进行理念经验总结。

（6）每位课题组成员完成课题研究方面的教学设计、教学案例、教学反思、教学论文等。召开研究心得交流会。组织课题组成员总结反思，提升理论水平，将课题研究成果在教育教学实践中实施，然后再总结提炼。

（7）第二阶段研究工作总结和反思。根据第二阶段研究活动进行情况调整下一阶段研究活动安排。

三、主要阶段性成果及影响

1.课题组成员的理论水平有所提升

多人多篇课题研究论文在省级 CN 刊物上发表。《教育文汇》为此课题研究专门安排了系列论文刊登。公开出版了一本与课题研究有关的专著。

《教育文汇》发表《小学品德课程与家庭教育整合的实践探索》《品德课程中实施家校联动的策略研究》《小学道德与法治对家庭教育的影响》《小学德育课程与家庭教育整合的若干思考》。在安徽教育出版社公开出版论文集。

2.课堂教学实践水平有所提高

课题组多名成员与课题有关的课堂教学、教学设计、教学案例等获全国、省市区级一等奖等。例如,《我的责任》获全国创新课堂教学二等奖、区一等奖,《让我自己来整理》课堂教学获区一等奖,《干点家务活》课例评比获区一等奖,等等。

3.教科研水平有所提高

课题组成员在研究过程中学习了教科研的理论、方法和策略,开阔了眼界,提高了教科研水平。

4.家校合作成效显著提升

在课题研究过程中积极与家长沟通交流,在一定程度上提高了部分家长的认识,在一定范围内提高了家校合作的效度。

四、结题工作

小学道德与法治课题研究的结题工作是整个研究项目的最后一个阶段,它标志着研究的完成,并需要作出总结,总结研究成果以及向相关人士和社会公开展示研究成果。

编写结题报告。撰写详细的结题报告,内容应包括研究背景、目标、方法、进展、成果、结论等。报告应全面准确地反映整个研究过程和研究成果并对研究结果进行分析。

解释与讨论。对研究结果进行解释和讨论，分析结果产生的原因和影响。与之前的研究问题和研究目标进行对照，看是否达到了预期的目标。

强调创新和贡献。在结题报告中应强调该研究在小学道德与法治教育领域的创新性和贡献，指出研究对该领域的实际意义；介绍申请人和研究团队的背景、专业资质和作出的贡献。

制作研究成果展示材料。根据研究成果，制作合适的展示材料，如图表、幻灯片等，以便在结题报告会上展示。

筹划组织结题报告会。安排结题报告会，邀请相关的教育专家、教师、家长和学生等参加，向他们展示研究成果。在结题报告会上用清晰简洁的语言，通过图表、数据等方式展示该研究成果，使参与者更好地理解该研究。在报告会上，鼓励参与者提出问题、意见和建议，与他们进行深入的讨论和交流。

撰写结题总结。根据报告会的讨论和反馈撰写结题总结，包括参与者的意见和建议，以及对未来研究的展望。

提交研究成果。将完整的研究报告、展示材料等提交给相关机构，以便审阅和归档。

在开展小学道德与法治课题研究的结题工作时，有一些重要的事项需要注意，以确保结题工作的质量和有效性。如全面总结研究过程和成果，在结题报告中，详细回顾整个研究过程，包括研究目标、方法、数据搜集、分析等，以及研究的主要成果和发现，确保对研究的每个阶段都进行充分的总结和描述。强调该研究在小学道德与法治教育领域的创新性和贡献，指出该研究对改进教育实践和促进学生品德培养方面的实际影响。在结论部分对研究结果进行客观评价，阐述研究所取得的成果，是否达到预期目标，以及可能的原因和影响。提出对未来研究方向的展望和建议，鼓励其他研究者在该领域继续深入研究，并提出有价值的研究方向。如果在中期报告会或其他环节中收到问题，应确保在结题报告中进行回应，阐述你对这些问题的看法和解决方案。根据研究成果，准备清晰简洁的展示材料，如图表、幻灯片等，以便在结题报告会上展示，确保这些材料能够支持你的演示。在结题报告会上，充分利用时间与参与者进行互动，鼓励他们提出问题、意见和建议，以便获得多方面的反馈和讨论。报告会前应提前确认报告会的时间、地点和参与者的安排，以便所有关键人士能够参与并了解研究成果。报告书写和格式要遵循结题报告的写作格式要求，确保内容清晰、条理分明，无拼写和语法错误。提交研究成果时要将完整的研究报告、展示材料等提交给相关机构，以便审阅、归档和公开展示。充分准备小学道德与法治课题研究的结题工作，可以确保课题研究成果得到适当的总结、展示和分享，从而为研究领域的教育改进和发展作出贡献。

省级教育科学规划课题"小学道德与法治课程与家庭教育有效整合的实践研究"结题报告

一、前期研究综述

(一)课题研究的背景

《国家教育事业发展"十三五"规划》指出要全面落实立德树人根本任务,充分发挥品德课程主渠道作用,深入挖掘课程教材的育人作用,系统推进课程改革,推动中国特色社会主义理论体系进教材、进课堂、进头脑,大力加强社会主义核心价值体系教育,培育学生的良好品德、创新精神和实践能力。2004年2月26日,中共中央、国务院在《关于进一步加强和改进未成年人思想道德建设的若干意见》中指出:"家庭教育在未成年人思想道德建设中具有特殊重要的作用。要把家庭教育与社会教育、学校教育紧密结合起来。各级教育行政部门和中小学校要切实担负起指导和推进家庭教育的责任。"

(二)课题研究的现状

从国内相关研究中可以看出:学界对于学校教育与家庭教育协同是有共识的,现有的研究更多的是涉及理论层面以及学校教育与家庭教育合作的具体实施,对于学校课程与家庭教育的关系也多是从社会学的角度进行的研究。对于小学品德课程与家庭教育有效整合方面,目前几乎没有相关的特别典型的做法和有价值的经验供参考。

二、课题研究的意义

(一) 尝试探索小学道德与法治课程教学与家庭思想品德教育整合的途径

在教学实践中尝试将小学道德与法治课程教学目标与家庭思想品德教育整合。通过对小学道德与法治课程教学目标、教学方法及课堂组织形式的深入研究和改革探索，通过在教学一线中对家庭思想品德教育整合、主题活动、目标学习等教学方式、方法、策略和模式的探究和实验，总结有价值的、可供教师参考的教学方案和教学课例。在工作实践中探索小学道德与法治课程教学改革的路径，努力尝试探索小学道德与法治课程教学与家庭思想品德教育整合的策略，使课程教学活动能符合未来教学趋势和潮流。

(二) 提高小学道德与法治课程教学有效性

探索小学道德与法治课程整合途径，通过组织贴近学生现实生活、符合社会发展需要的教学活动，创新教学方法策略，能够提高道德与法治课程教学有效性，培养学生社会主义核心价值观，引导学生形成正确的世界观、人生观、价值观。努力加强学生理想信念教育和道德教育；加强中华优秀传统文化教育、革命传统教育和劳动教育；加强以爱国主义为核心的民族精神和以改革创新为核心的时代精神教育；培养学生团结互助、诚实守信、遵纪守法、艰苦奋斗的良好品质；引导孩子从小树立为祖国、为人民服务的思想，把为祖国和人民做贡献作为人生追求的目标；培养社会主义事业合格的建设者和接班人。

（三）对小学一线教师的教学和教研具有指导价值

为安徽省范围内的小学品德学科骨干教师、省特级教师名师、课题组成员参与课程改革实验提供渠道。研究小学道德与法治课程教学与家庭思想品德教育整合的有效方式，为促进小学道德与法治课程教学改革的深入有效开展提供有价值的可供参考的教学范式、课例，促进品德学科教师的专业发展，辐射带动全省范围内一线学科教师教学观念的转变、教学能力的提高。

三、课题研究的界定

小学道德与法治课程是指现行义务教育小学阶段的思政课，在2019年之前指人教版小学《品德与生活》《品德与社会》课程，2019年后指人教版小学《道德与法治》课程。通过将小学道德与法治课程与家庭教育联系，创新道德与法治课程教学范式，培养学生的爱国主义、集体主义精神，引导学生养成良好的学习和行为习惯，加强劳动教育、革命传统教育和法治教育，加强社会主义核心价值观教育，培育学生的良好品德、创新精神和实践能力，落实立德树人目标。

四、课题研究的目标

本课题研究的主要目标是在教学一线进行课程教学实验和改革，将小学道德与法治课程与家庭思想品德教育进行有机整合，创新"一四一"小学道德与法治课堂教学范式，改变小学道德与法治课程教学过程中口头说教过多及组织活动形式主义等低效性状况，通过课程实施落实立德树人目标。提高家长层面对于思想品德教育的认识，调整家庭思想品德教育价值取向，合力培养学生的爱国主义、集体主义精神，引导学生养成良好的学习和行为习惯，加强革命传统教育和法治教育，培育能自觉践行社会主义核心价值观的学生。

五、课题研究的主要内容和重难点

本课题研究的主要内容是小学道德与法治课程教学内容中与家庭思想品德教育整合的内容，教学活动目标的设定及在教学活动中的具体呈现和落实；小学道德与法治课程与家庭思想品德教育整合方法和途径；进行小学道德与法治课程与家庭教育整合的课堂教学活动的实验、探索和研究。关注课程教学的生活化、实践性和现代意识，提高小学道德与法治课程教学活动和家庭思想品德教育的实效性。

本课题研究的重点是探究小学道德与法治课程与家庭教育有效整合的内容和方式；难点是逐步推进小学道德与法治课程教学与家庭思想品德教育有效地整合，优化教学活动目标定位和组织形式，整合家庭教育资源，探索道德与法治课程与家庭教育有效整合的方法、策略和途径，结合教学实践开展小学道德与法治课程整合活动，在实践中改进教师的教，优化学生的学，促进教师教学方法和学生学习方式的更新，高效达成小学道德与法治课程目标。

六、课题研究的方法

（一）调查研究法

运用观察、访谈、问卷和测试等方式，依托安徽省小学道德与法治特级教师工作室和合肥市小学道德与法治名师工作室，收集关于小学道德与法治课程教育教学实效性、教师对课程整合的理解、课程教学目标达成及教学实效性的资料，进行分析、综合、比较与归纳，了解道德与法治课程与家庭德育方面的基本现状。根据调查情况，提出研究的目标和方法，在实践中为课题研究和推广搜集科学的依据和参考，为有效地开展研究工作提供数据支撑。

（二）行动研究法

梳理小学道德与法治课程中可与家庭思想品德教育有效整合的内容，尝试在现实课堂教学中进行课程内外整合，通过课例研究，实验与家庭德育教育协同组织教学活动的有效方法、路径和策略，结合实践组织开展与课程内容有关的案例研究，进行小学道德与法治课程的行动研究，在实践中总结得失，改革教学，创新教法，形成相关的成功课例、案例和有效的教育教学方法策略供教师参考借鉴。

（三）个案研究法

通过小学道德与法治课程与家庭教育整合的典型课例、相关的主题活动和案例，作全面而深入的分析和研究，并对相关结果进行分析研究，将研究的课例和案例成果进行推广。

（四）文献资料法

搜集和阅读与课题研究相关的教育理论书籍、杂志等文献资料，利用网络相关资源组织学习，提高研究者的教育理论水平，促进课题组成员课题实验研究能力的提高。

（五）经验总结法

组织课题教师定期交流、总结经验，及时总结，做到理论与实践相结合。

七、课题研究的步骤

课题研究分启动阶段、研究阶段和总结验收阶段。具体分阶段安排落实课题研究工作，有计划地组织集中学习、课例研究、理论提炼、论文撰写、经验总结推广等活动，及时总结活动情况和理论资料，不断实践、反思、调整、再实践。

八、课题研究的主要过程

（一）准备阶段

1.制订第一阶段研究计划

课题研究准备阶段主要结合教学实践讨论、探究小学道德与法治课程教学与家庭教育整合的目标、内容、路径、方法和策略的计划和设想，对小学道德与法治课程与家庭教育有效整合的研究目标、方法和活动安排进行思考和架构。在目标上关注课程教学的活动性、综合性、开放性、生活化、实践性，突出时代精神，体现国家意志，努力提高小学道德与法治课程教学活动和家庭德育教育的实效性。在方法上注重加强小学道德与法治课程实施与家庭教育联系的实践研究，本着共同负责、共同教育的观念，加强与家长的合作协同，明确以思想品德教育为首的教育观，加强学校与家长沟通的双向性，给予家长更多的机会参与课程教学活动，详细了解孩子道德与法治课程学习方面的情况。指导家庭运用科学合理的教育方法对小学生开展行为习惯和思想品德教育。

2.组织召开课题开题会

课题组在合肥市屯溪路小学举行开题论证会。开题会上课题第一负责人省教科院季文华老师宣读课题立项通知并就课题的选题深意作出说明，课题负责人胡召霞老师向大家介绍课题前期准备工作、研究主要内容、方法、组织分工、研究进度及预期研究成果等。课题专家组对于该课题研究的科学性和可行性进行了分析和评议，对课题研究过程中可能出现的问题和困难进行了有效指导。

3.建立研究组织，明确制度分工

建立省课题研究组织，定期召开全体课题组成员会议，制定课题研究制度，安排阶段性研究内容、进程、任务分工。多次组织召开课题线上线下集中会议，对于课题研究工作进行有效讨论，制订活动计划，明确分工，加强团队合作。

4.组织网上问卷调查

在课题研究第一阶段，组织开展了网上调查活动。通过集中会议逐条讨论调查问卷之学生卷和家长卷的内容，科学合理地调查安徽省合肥市相关课题实验学校教师对于小学道德与法治课程教学与家庭教育整合和课改现状的认识，对问卷调查的数据进行分析梳理，了解家长对于学校道德与法治课程方面的目标期望，掌握学生品德方面现状，从而更科学有效地调整课题研究的方向和内容。

（二）实施阶段

在准备阶段的基础上，根据网上调查问卷了解的情况，课题组开展了多项研究活动，落实课题研究目标。

1.组织多形式多层面的学习，提高课题组成员理论水平和研究能力

课题组重视并积极组织成员加强多种形式学习。根据研究计划，要求成员每学年至少认真研读2本教育教学理论专著，并撰写读书心得和论文，在读书、学习、写作中成长，从而提升理论水平和教育智慧。为提高读书学习的针对性，开阔教育视野，课题组安排了专项专题学习，

如学习《义务教育道德与法治课程标准（2022年版）》、习近平在全国教育大会上的重要讲话精神、习近平在庆祝改革开放40周年大会上的重要讲话精神、习近平在全国思政课教师座谈会上的重要讲话精神等。利用信息技术平台辅助课题组学习，部分学习内容通过网络平台进行推送，让学员用于自学和集中学习。课题组成员利用信息平台，交流课题研究心得。积极开展与课题研究内容和技术相关的学习活动，通过自学和集中学习，提高课题组成员的教研理论水平。课题负责人省教科院季文华老师、市教科院课题负责人方惠老师等专家给教师进行了集中培训指导。课题组安排成员参加本地和外地的课堂教学观摩学习活动，提高课题组老师的专业素养，为课题研究的深入开展奠定了理论和实践基础。

课题组通过请进来、走出去的形式，积极参加道德与法治课程各级各类的培训、学习和交流活动近100人次。多人参加了各级各类小学道德与法治课程培训，参加了台湾台南大学林奇贤教授项目学习培训，参加了安徽省课题培训会，组织成员去浙江义乌听课学习，安排朱玉梅、颜利军老师参加安徽省小学道德与法治优质课活动，安排马晓雨等老师参加省外课堂教学观摩活动，参加了教材培训，参加了在成都召开的全国小学道德与法治课程培训，参加了在北京大学的阶段性培训等。课题组多次组织小学道德与法治讲座学习活动。通过学习，课题组成员视野开阔了，理论水平提升了，能更加深入把握学科特点，学习了课题研究的方法和策略。

2.组织开展丰富多彩的课题研究活动

（1）课题组成员所在学校开展丰富的课题研究活动。

课题研究三年来，各承办学校坚持进行道德与法治课程与家庭教育有效整合的实践和探索，不断加强研究，认真总结经验。学校加强领导，把课题研究工作纳入学校的整体计划。课题组成员所在的合肥市屯溪路小学、桂花园小学、蜀麓小学、师范附小、大通路小学等学校都将课题研究的内容融入家校工作中。

课题承办学校开展专题家长培训，提高德育整合有效性，桂花园小学把课题研究内容融入一年级新生入学家长培训中，在孩子入学一开始就强调立德树人，将道德与法治课程与家庭教育整合的内容与家长沟通，如对于道德与法治课程中的《我们爱整洁》《我不拖拉》《不做"小马虎"》等课提出具体家校教育整合的内容和要求，并向家长传授相关教育学、心理学基本知识，让家长明确怎样与教师配合，做好道德与法治课程与家庭教育的整合，在道德与法治课前做好相关准备活动，在课后做好课外实践活动记录，与教师互动，齐抓共管，帮助孩子培养良好的学习生活行为习惯，形成规则意识。学校结合道德与法治课程《手拉手，交朋友》《少让父母为我操心》《这些事我来做》等内容进行相关的家长培训，指导家长对孩子进行心理指导，齐抓共管培育学生良好的道德品质、规则意识和法律意识，培养孩子健康心理。

为进一步推进家庭教育的健康发展，优化学生的成长环境，学校课题组实验班级定期组织开展相应的评优活动，例如，"德润之家"奖、"优秀家庭"奖等，引领家长转变家庭德育观念，组织以年级组为单位的主题家校论坛、家长进课堂、家长学校讨论会、家长开放日等活动，有效推进课题工作的开展。

（2）深入开展小学道德与法治课程与家庭教育整合课堂教学实践研究。

课题组多次召开承办学校组内成员代表会议，组织了多种形式的课题相关课堂研究活动，安排了小学《道德与法治》一年级下册第三、四单元集体备课活动；多次组织了小学道德与法治课程内容与家庭教育融合公开课、研讨课、优质课、展示课等教学研究活动；积极组织课题组成员参加各级各类品德教学比赛活动；组织全国单元示范课等。课题组成员的3个省市级工作室根据课题研究的内容和目标，立足课题成员所在学校实际，多次组织课堂教学研讨、学科展示课、课题讲座等活动。在小学《道德与法治》部编版教材的试编阶段，课题组积极参加教材的统编会及相关的编写和试课活动，课题组成员颜利军、朱玉梅承担了六年上册法治专册的多轮试课，课题组安排人员进行多轮的备课、议课和评课，圆满完成了相关工作，受到了省、市教科院相关领导和人教社相关负责人的高度认可。

在课堂教学研究中，课题组关于小学道德与法治课程与家庭教育有效整合开展课例研究，有力改变了小学道德与法治课程教学过程中口头说教过多及组织活动形式主义等低效性状况。如在教学《道德与法治》教材绘本小故事时，教师安排由家长和孩子进行共同的阅读，在共同阅读当中，家长能够逐渐掌握孩子的思想动向，明确孩子的兴趣爱好，从而对家庭教育方式进行科学的调整，使家庭教育能够更具针对性和有效性，使孩子能够在亲情呵护下健康成长。绘本内容教学与家庭教育整合充分激发了学生的学习兴趣，为家长和孩子提供情感交流的渠道。在教学《道德与法治》教材中介绍关于我国的各项传统节日，要让孩子们感受到传统文化就在我们的生活当中。传统节日是传统文化的重要载体，教学这部分内容时，教师可联系家庭生活，将课堂内容延伸到学生生活中，和家长互动，引导学生对传统节日进行探究和体验，帮助学生更好地体会传统文化的内涵，使其能够对传统文化产生兴趣，从而使学生认识到优秀传统文化继承和发扬的重要性。课题组成员在道德与法治日常的教学中，有针对性地开展了课堂教学与家庭教育之间的有效结合活动。在教学人教版《道德与法治》四年级上册第5课《这些事我来做》时，通过教学让孩子主动在家中承担力所能及的家务事，学习做家务的技巧，在劳动中增强小主人的意识，为家人奉献力量，在劳动中获得快乐，提高责任意识。懂得做家务是爱父母长辈的表现，在其中能感受做家务的乐趣，体会负责任、有爱心地生活的美好。孩子们把自己在课堂中的所学在家庭中实践，在家长的帮助和指导下学会了一系列家务活，比如说擦桌子、洗碗、扫地、拖地、洗衣服、做饭等。让孩子知道家务活不是一个人的事情，而是所有家庭成员的事情，在这样的环境下孩子更愿意付出，更具有责任感。在教学《道德与法治》六年级上册第7课《权力受到制约和监督》中的第一课时"权力行使有边界"时，教师让学生通过课前搜集整理资料、小组讨论、案例分析等方式理解国家机关行使权力受约束，设立国家机关的目的是为人民服务。学生在课后和父母一起去身边的国家机关了解他们是如何为人民服务的，以及国家机关在行使权力的过程中如何受到宪法和法律的制约，通过家庭教育与学校教育的结合，增强了学生尊法学法守法用法的意识，培育了学生的法治精神。在教学人教版《道德与法治》二年级下册第8课《安全地玩》时，教师结合交通规则、安全常识与常见标志、学校规则组织一年级小学生展开了德育体验，使其以"小小规则守护员"的身份学习常见的社会规则。在讲解交通规则的课前准备环节，让学生模拟了交警，在家中设置了"红绿灯"，与家长进行角色扮演"交警与行人""模拟闯红灯""违规停车"等生活场景，培养学生的规则意识。课堂上，教师以违反交通规则危害生命安全的实例突出了遵守交通规则的重要性，使学生树立了深刻的规则意识。在教学人教版《道德与法治》五年级下册第3课《弘扬优秀家风》时，学生通过课前课后与家长交流、讨论，认识到家风是一种无言的教育，它在潜移默化中影响我们的心灵，塑造我们的人格。家风代表的是一家人的精神面貌、品格修养和处事原则。好的家风含有同心协力、相互体谅、相互扶持等因素，推而广之到人际关系上，就是"己欲立而立人、己欲达而达人"，有利于良好社会风气的形成。传承和弘扬优秀家风，要从小事做起，从自身做起。每个人都可以成为优秀家风的传播者。优秀家风可以向社会传递正能量，形成引领良好社会风气的家庭文明新风尚。小学道德与法治对于家庭教育有着非常重要的影响，可以有效弥补家庭教育的不足，有利于孩子的健康成长。通过将道德与法治课程与家庭教育整合，提高了课堂实效，拓宽了教学思路，形成了育人合力，同时也提高了课题组成员及相关的思政课教师的理论水平、专业水平及学科驾驭能力。

（3）突出小学道德与法治课程中劳动教育内容和家庭教育的整合。

习近平总书记在党的十九大报告中提出"培养担当民族复兴大任的时代新人"的教育任务，在全国教育大会上提出"培养德智体美劳全面发展的社会主义建设者和接班人"。2020年3月，中共中央、国务院印发《关于全面加强新时代大中小学劳动教育的意见》（以下简称《意见》），课题组深刻理解，认真学习和学习贯彻《意见》精神，在课题研究的内容上突显劳动教育方面家校整合，联系道德与法治教材中关于培养学生良好的劳动习惯与自立能力的内容，结合学校的德育活动，深入研究了劳动教育行动。

课题组多次开展以劳动为主题的课例观摩研讨活动，在课堂教学实践和相关活动中探索道德与法治课堂与家庭教育整合有效促进劳动教育开展的方法，总结成功的课例、案例。如人教版《道德与法治》一年级下册第11课《让我自己来整理》，这一课常规教学是引导学生从小处着手，自己动手整理物品，培养学生自理、自立的能力和劳动的意识。课前教师做了一个随机调查，班级约有60%学生的书包是家人帮忙整理的，90%的学生值日卫生是由家长代打扫。结合课题研究方向，在《让我自己来整理》教学过程中，教师设计了整理书包和课桌的环节。学生观察自己的书包和课桌有哪些地方需要整理，然后比一比谁整理得又快又好，请小组推选出的整理小能手给大家展示整理技巧：按照书本从大到小的顺序，先把整理好的书本放在课桌上，然后装进书包里，最后把笔袋、水彩笔等放进去。有了示范，学生会知道按什么标准来整理。课后实践活动安排家长发放星星奖励来鼓励和督促学生在家里坚持整理自己的物品，从而培养学生的劳动习惯，能够初步自立。在人教版《道德与法治》一年级下册第12课《干点家务活》一课教学过程中，教师也是在课前课后安排家长辅导、督促孩子在居家生活中学习整理自己的床铺、书桌、书包乃至家里的茶几、餐桌。刚开始有的孩子拿不好扫把、铺不平被单、叠不好被子，在家长的悉心指导下，孩子们学得认真、进步很快、做得很好，逐渐掌握了居家整理中的一些小技巧，比如洗好的衣服要抻平整、扫地时扫把要先重后轻不扬尘。好习惯的培养不可一蹴而就，弘扬中华民族的优良品质更是一项长久的事业。孩子们的劳动能力培养与家庭生活息息相关。课题组在合肥市行知学校开展了合肥市和平小学杨昆老师执教的《道德与法治》二年级上册第7课《我是班级值日生》课例研讨活动。课题组成员朱玉梅开展了劳动教育主题班会活动，并在学校进行了公开观摩，获得与会教师的好评。课题组开展了线上研讨活动，对开展的道德与法治课程与家庭教育整合劳动主题教育实践活动进行了汇报。课题组依据劳动教育实践方案指导家长开展家庭劳动教育，孩子们自我服务、分担家务的意识和能力得到很大提升，课题组成员撰写了研究论文。课题组利用"腾讯会议"软件开展了假期主题教育实践研讨。课题组成员参加了"中国好老师"组织的空中劳动主题研讨活动，与会教师聆听了北京师范大学、北京教育科学研究院、北京师范大学附属小学、广州大学附属小学领导和教师的经验分享，受益匪浅；课题组教师按照分工和计划，结合道德与法治课程内容带领学生参加劳动主题教育实践。临泉路第二小学黄荣老师执教人教版《道德与法治》四年级上册第5课《这些事我来做》，在全校进行公开展示，获得好评。课题组成员邵桂娟老师执教了人教版《道德与法治》二年级下册第4课《试种一粒籽》，全体课题组成员进行了观摩研讨。课题组再次利用"腾讯会议"软件开展课题研讨活动，对课题中劳动教育整合实施以来的做法、经验、困惑进行了研讨，课题组教师积极开展道德与法治课程与家庭教育整合的实践活动并进行了总结。通过教师的施教、听课教师的观摩和研讨，大家认为，将道德与法治课程与家庭教育有效整合，对学生劳动知识、技能和情感态度与价值观的提升是十分有益的。课题组梳理出道德与法治教学内容中以家务劳动为内容的劳动教育，有着独特的育人价值。与家庭自我服务和家务分担结合，学生在家里用自己的劳动为家人服务，得到家人的认可，实现价值认同的积极性更高。通过家务活动，比如倒垃圾、扫地、擦玻璃、整理衣物和床铺等，和家长联合进行综合评价，培养孩子乐于劳动的意识和劳动能力。

3.利用信息平台开展常态化课题研究工作

因课题组成员在各所学校工作，常态化的课题研究工作在时间、空间安排上存在实际问题和困难，我们对课题研究的新路径进行思考，用最小的成本消耗达到能常规开展省课题交流研讨的目标，对课题阶段性研究方式路径、策略方法进行创新。在省市教研员的领导和指导下，我们每周六18：00 — 19：00在课题群里开展课题研讨会，每位课题组成员轮流担任周课题网上研讨会主持人，会前由主持人提前发布围绕课题研究内容的议题，会后及时总结。我们通过信息技术平台将课题研究工作落到实处。

（三）总结阶段

1. 理论总结

（1）创新教学范式。

课题组在研究过程中，为了帮助教师把握课程特点，上好道德与法治课，将道德与法治课程与家庭教育整合，创新了"一四一"小学道德与法治课堂教学范式。

（2）理论水平有所提升。

每位课题组成员撰写关于小学道德与法治课程整合与家庭教育整合方面的教学设计、教学案例、教学反思、教学论文，组织集中交流、讨论、学习。组织参加各级各类的教学业务评比，组稿在刊物上发表。课题组成员在研究过程中学习、感受了参加教科研的理论、方法和策略，开阔了眼界，提高了教科研水平。多人多篇理论成果获奖，多篇课题研究论文在省级CN刊物上发表。《教育文汇》为此课题研究专门安排了系列论文刊登。公开出版了一本与课题研究有关的论文集。

2. 课堂实践

课题组多次组织开展送培送教活动，通过课堂教学和学科专业讲座的形式，将先进的教学理念、有效的教学策略与全省小学道德与法治教师交流分享，课题组成员在送课活动中受到了听课教师的好评，课题组成员多次送教至薄弱学校等。通过送教下乡活动，课题组为当地教师送去了先进的教育理念、教育经验和教育方法，让受援学校教师的小学道德与法治课堂教学实践水平有所提高。课题组多名成员与课题有关的课堂教学、教学设计、教学案例等获全国、省市区级一等奖等。

3.讲座推广

课题组主持人季文华老师及课题组相关成员将课题研究的理论和研究成果进行推广，在全国和省内的多地做了几十场关于课题研究内容的讲座，充分发挥课题组引领、示范、辐射、带动作用。课题组以研讨会、报告会、名师论坛、现场指导等形式，实现优质教育资源的共享，使课题研究发挥实际的效用。

九、课题研究的成果

1.创新出"一四一"小学道德与法治课堂教学范式

课题组深入研究教学策略，在实践中探寻教改的新思路、新方法。对于学科教学特点不明、组织教学的方法不清楚的现状，在生活教育的理论范畴里，结合小学《道德与法治》课程特点，思考生活德育的理论和实践。在生活德育范围内，结合学科特点，探究与家庭教育整合的小学道德与法治教育教学，凸显课程标准中的学科生活性特点。课题组摸索出利于广大教师上规范的道德与法治课的"一四一"教学范式。

"一四一"小学道德与法治课堂教学范式主要内容为：前"一"指以课堂教学内容为主题开展适切的课前准备活动；"四"是指围绕教学内容和目标安排四个主体活动，即活动一、活动二、活动三、活动四；后"一"是课后实践活动环节。四个主体活动在内容上层层深入，活动一为基础部分，活动二为提高部分，活动三为辨析和巩固部分，活动四为拓展和践行部分。四个活动在关系上层层递进，落实"知、情、意、行"的课程教学目标。"一四一"整体架构承载小学道德与法治课堂教学活动内容。

结合课程特质和教学实践，课题组将提炼出的"一四一"小学道德与法治课堂教学范式在全国特级教师上优课、省课题研讨课、课题组成员教学研讨课中，将此项理论与实践结合。结合课题组省课题和特级教师上优课工作在小学低段一年级《道德与法治》研究出 2 个单元精品范式课例，在小学高段六年级《道德与法治》上册法律专册试课。课题组成员应用"一四一"教学范式在合肥市名师工作室年会上进行了《权力行使有边界》课例展示。

"一四一"小学道德与法治课堂教学范式的提出受到了广大学科教师和教学研究人员的认可，该项研究成果在全省各地进行推广，课题组成员先后在芜湖市、黄山市、六安市、阜阳市、合肥市等地开展讲座，主持人的专题讲座有四十多次，每一次培训和讲座都为听众输送了小学道德与法治课程与家庭教育有效整合的好方法和策略，得到听众高度评价。课题组承担了教育部的全国特级上优课和说课展示活动，进行全国推广辐射。

2. 多篇论文在 CN 刊物上公开发表和获奖

课题组成员的理论水平有所提升。多人多篇课题研究论文在省级 CN刊物上发表。《教育文汇》为此课题研究专门安排了系列论文刊登。公开出版了一本与课题研究有关的论文集。

3. 品德课堂教学获奖

小学品德课堂教学实践水平有所提高。课题组多名成员与课题有关的课堂教学、教学设计、教学案例等获全国、省市区级一等奖等。课题组成员在研究过程中学习、感受了参加教科研的理论、方法和策略，开阔了眼界，提高了教科研水平。课题研究在一定程度上提高了部分家长的认识，在一定程度上提高了家校合作的效度，课题研究相关学校取得荣誉。如卢娟霞老师荣获市课堂教学评比一等奖，朱玉梅老师荣获省级优课等。

十、课题研究中的反思及今后的设想

小学道德与法治课程与家庭教育有效整合的课题研究虽已完成，但提高小学道德与法治课程有效性的教育教学教研的工作仍需要一直进行下去，对于小学道德与法治教学需要继续深入思考和探索，关于小学道德与法治课程教学与家庭教育的课堂内整合的理论提炼需要继续深入进行。我们将继续深入开展"一四一"小学道德与法治课堂教学范式的深入研究，总结实践中好的做法、成功的案例和课例，在更大范围内进行辐射和推广，总结小学道德与法治课程教研教学的理念和实践经验，为一线小学道德与法治学科教师提供理论和实践的教学参考。习近平总书记说，思政课是落实立德树人根本任务的关键课程，作为小学阶段思政课的道德与法治课程需创新教学方法，拓宽教学资源渠道，提高教学实效性。课题组将继续将课题研究成果进行推广，对于小学思政课进一步开展理论和实践研究，努力全面贯彻党的教育方针，落实立德树人的根本任务，坚持教育为人民服务，努力培养担当民族复兴大任的时代新人，培养德智体美劳全面发展的社会主义建设者和接班人。